Umweltfreunde 3

Ein Sachbuch
für die Grundschule

Herausgegeben von
Inge Koch

Unter Einbeziehung der Ausgabe von
Kathrin Bertram
Silvia Ehrich
Marion Kloss
Inge Koch
Christine Köller
Rolf Leimbach
Silke Nitschel
Gerhild Schenk

Unter Mitarbeit
der Cornelsen Redaktion

VOLK UND WISSEN

Umweltfreunde 3

Herausgegeben von
Inge Koch

Unter Einbeziehung der Ausgabe von
Kathrin Bertram, Silvia Ehrich, Marion Kloss, Inge Koch, Christine Köller, Rolf Leimbach, Silke Nitschel, Gerhild Schenk

Begutachtet von
Thomas Arnold (Limbach-Oberfrohna), Sylvia Arnold (Hohndorf), Silvia Ehrich (Neubrandenburg), Catrin Elies (Stendal), Ulrich Gard (Trier), Anke Gretzschel (Dohna) Christine Köller (Woldegk), Sigrid Schröder (Mühlhausen), Anja Teger (Arneburg), Martina Theißen (Leipzig), Bernd Willems (Trier), Annett Zilger (Dresden)

Redaktion: Britta Frosina, Michael Venhoff
Bildredaktion (Foto): Franziska Becker
Illustrationen: Kim Laureen Altenburg 14 (Kinderbild); Lisa Apfelbacher 20 (Sonnenbahn), 22 (o. r., o. l.), 93; Uta Bettzieche: Kapitelvignetten, Piktogramme, Detektiv und Hund, 44, 45; Sylvia Graupner 5, 8, 9, 13, 22 (Bild), 23, 32, 33, 39, 47, 67, 75, 81, 91, 99, 107; Gabriele Heinisch 10 (Klassenrat), 11 (Junge), 12, 40, 46, 63, 74, 87, 106, 108; Katharina Knebel 6, 10, 11 (alle außer Junge), 14 (Wettersymbole), 18, 21 (Globus), 25, 28, 30, 34 (Radio), 35, 37, 38, 41, 42, 43, 49, 51, 65, 78 (Rotklee, Wiesen-Glockenblume, Margerite, Löwenzahn, Kuckucks-Lichtnelke), 79, 96, 97, 110, 112; Arno Kolb 104, 105; Sandra Menke 62; Oliver Regener 86; Kim-Charline Wichhardt 59; Karl-Heinz Wieland 36, 48, 53, 72 (u. r.), 73, 76, 77 (Experiment), 78 (Storchschnabel, Gilbweiderich, Engelwurz), 80, 83 (u.), 84, 85, 94 (alle außer Löwenzahn und Linde), 95, 100 (u.), 101; Hans Wunderlich 19, 20 (Tagbogen), 21 (Kalender), 34 (Karte, Smartphone), 54, 55, 58, 77 (Wiese), 83 (o.), 90, 92, 94 (Löwenzahn, Linde), 98, 100 (o.), 102, 103

Umschlaggestaltung: tritopp, Berlin; Katharina Knebel (Illustration)
Uta Bettzieche (Detektiv und Hund)
Layout und technische Umsetzung: tritopp, Berlin

www.vwv.de

1. Auflage, 3. Druck 2020

Druck: AZ Druck und Datentechnik GmbH, Kempten

ISBN 978-3-06-081513-5 (Schülerbuch)
ISBN 978-3-06-081514-2 (E-Book)

PEFC
PEFC/04-31-2260

PEFC zertifiziert
Dieses Produkt stammt aus nachhaltig bewirtschafteten Wäldern und kontrollierten Quellen.

www.pefc.de

Umweltfreunde 3

Wegweiser

Arbeitstechniken für den Sachunterricht

- Bilder in Sachbüchern lesen
- Piktogramme lesen
- Informationen suchen und sammeln
- Informationen präsentieren
- Ein Säulendiagramm auswerten
- Ein Säulendiagramm erstellen
- Ein Portfolio anlegen
- Ein Portfolio einschätzen
- Eine Wanderkarte lesen
- Eine Mindmap zeichnen
- Bauen und konstruieren
- Einen Zeitzeugen befragen

VOLK UND WISSEN

Bilder in Sachbüchern lesen

Bilder liefern uns Informationen ohne Text.

Ich betrachte das ganze Bild genau:
Was ist dargestellt?

Ich betrachte einzelne Bildteile:
Was erkenne ich
im Vordergrund,
was in der Mitte,
was im Hintergrund ...?

Ich versuche das Bild zu verstehen:
Woran denke ich, wenn ich das Bild betrachte?

Ich beurteile das Bild insgesamt: Wie gefällt mir das Bild?

Bilder genau ansehen, deuten und beurteilen:
ein Tierfoto, eine gezeichnete Pflanze, ein Gemälde,
eine gemalte Bildgeschichte über Kinder ...

Piktogramme lesen

Piktogramme sind einfache Bildzeichen, die wir leicht „lesen“ und verstehen. Sie informieren uns schnell ohne Text.

Ich betrachte die Bildzeichen genau: Was ist zu sehen?

Ich deute die Bildzeichen: Welche Information erhalte ich?

Piktogramme für Regeln im Unterricht

Ich betrachte:

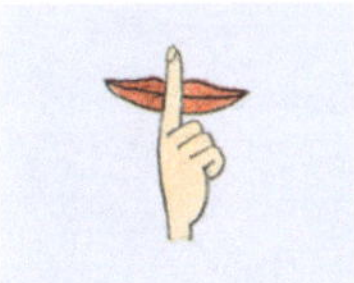   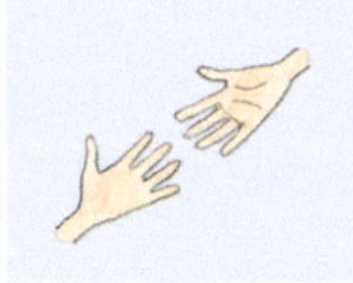 

Ich deute:

Leise sein	Zuhören	Miteinander reden	Einander helfen	Nicht lärmen

Piktogramme auf einem Bahnhof

Ich betrachte:

Ich deute:

Schließfächer	Abfall	Rollstuhlmitnahme	Toilette	Gaststätte

Bildzeichen (Piktogramme) genau ansehen und deuten: Verkehrsschilder, Wettersymbole, Gefahrenzeichen auf Haushaltsmitteln, Zeichen auf den Menüleisten von Computern

Informationen suchen und sammeln

Ich stelle Fragen:

Was will ich wissen? Alles rund um die Kartoffel

Wozu brauche ich die Informationen? Für einen Vortrag

Woher kann ich die Informationen erhalten?

Fernsehen

Sachbuch Radio Gespräch Internet CD-ROM Lexikon

Zeitung/ Zeitschrift

Was ist wichtig zu diesem Thema?

- Aufbau der Kartoffelpflanze
- Anbau, Pflege, Ernte
- Kartoffelsorten
- Kartoffel als Grundnahrungsmittel

Wie sammle ich die Informationen?

- Aufschreiben, aufzeichnen, ausschneiden, kopieren, was nützlich und aufbewahrenswert ist.

Zu ausgewählten Themen Interessantes und Wissenswertes aus Medien heraussuchen und aufschreiben, aufzeichnen, ausschneiden oder kopieren usw.

Informationen präsentieren

Ich wähle für meine Präsentation eine geeignete Form:

Einen Text schreiben

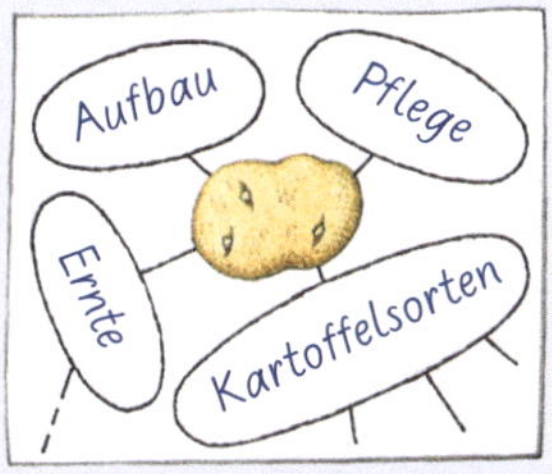

Ein Schema anfertigen

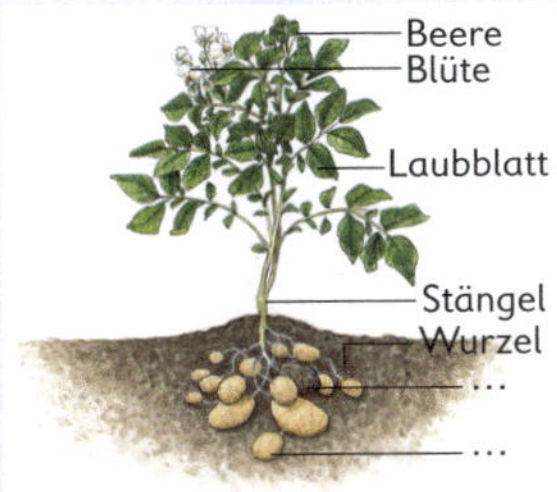

Bilder mit oder ohne Beschriftung zeigen

Einen Vortrag halten: mit Bildern, ohne Bilder

Ein Video oder einen Film zeigen

Naturobjekte oder Modelle zeigen

Ich beachte bei meiner Präsentation **Regeln**, zum Beispiel:

- Der Text ist gut lesbar.
- Das Schema ist übersichtlich.
- Das Bild enthält wichtige Informationen.
- Der Vortrag ist gut gegliedert.
- Das Video zeigt Wesentliches zum Thema.
- Das Naturobjekt oder Modell ist für alle gut sichtbar.

Zu einem Thema Interessantes und Wissenswertes vorstellen, dazu verschiedene Medien nutzen: Wandtafel, Plakat, Folie, Foto, Video, Film, Original, Modell usw.

Ein Säulendiagramm auswerten

Für Touristen: Temperaturen in Berlin 2009

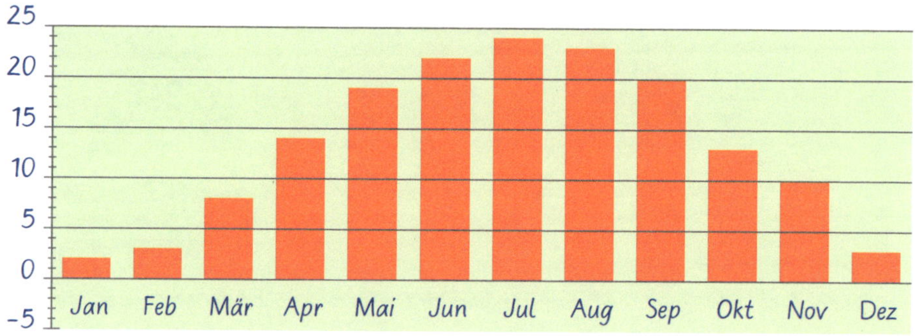

Ich betrachte das Diagramm. Es ist ein Säulendiagramm.

Ich lese das Thema. Für Touristen: Temperaturen in Berlin 2009

Ich betrachte das Diagramm genau und erkenne:

- An der waagerechten Linie sind die Monate angegeben.
- An der senkrechten Linie sind die Temperaturen angegeben.
- Die Säulen sind unterschiedlich hoch.

Ich werte das Diagramm aus:

- Am wärmsten war es 2009 in den Monaten …
- Am kältesten war es 2009 in den Monaten …
- Ich würde mir gern im Monat … Berlin ansehen.

Einem Schaubild Informationen entnehmen:
Temperaturen, Verkehrsunfälle mit Kindern,
Anzahl der Benutzer einer Bibliothek, Sportergebnisse …

Ein Säulendiagramm erstellen

In einer Umfrage zu Medien wurden 76 Kinder befragt:
Wie viele CDs (Hörbücher, Musik, Spiele) besitzt du?
Das ist das Ergebnis in einer Tabelle:

Anzahl der Kinder	4	13	18	22	16	3
Anzahl der CDs	0	1-5	6-10	11-15	16-20	über 20

So stelle ich die Tabelle als Säulendiagramm dar

- Ich zeichne 2 Achsen: eine senkrechte für die höchste Anzahl der Kinder, eine waagerechte für 6 Säulen zu den CDs.

- Ich markiere auf jeder Achse gleichmäßig Abstände und beschrifte: senkrecht bis 25, waagerecht für 6 Säulen.

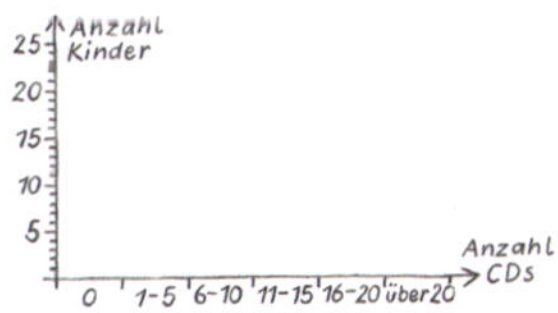

- Ich zeichne bei 0 CDs eine Säule bis zur Anzahl 4 der Kinder, bei 1–5 CDs eine Säule bis 13 und so weiter.

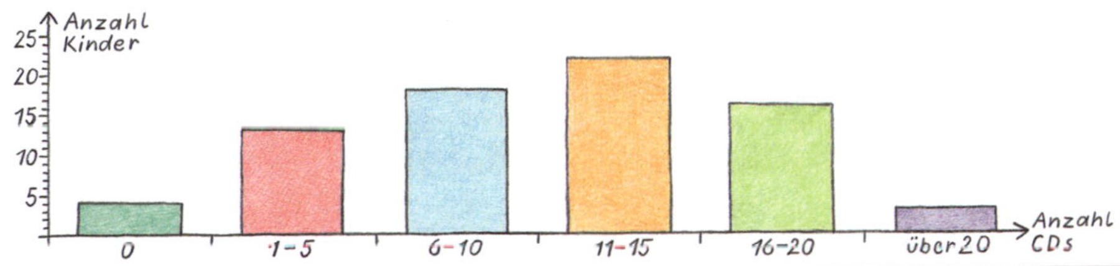

Angaben aus einer Tabelle oder Übersicht als Schaubild darstellen: Tagestemperaturen, Lieblingsbeschäftigungen von Jungen und Mädchen, Sportergebnisse …

Ein Portfolio anlegen

Ich informiere mich über das Portfolio.

Ein Portfolio erstellen

Thema:	Rund um die Gesundheit
Zweck:	Wissen erwerben, wie ich gesund bleibe
Umfang:	Deckblatt, Inhaltsverzeichnis, 6 gestaltete Seiten, zum Beispiel: 1 Mein Sporttest, 2 Gesunde Ernährung ..., Einschätzungsbogen
Zeit:	4 Wochen
Bearbeitung:	im Unterricht und als Hausaufgabe
Verbleib:	nach Präsentation im Sachunterrichtsraum

Ich notiere Ideen, was ich machen will, und schreibe meine Fragen auf.

Ich sammle passendes Material.

Ich sichte das Material, beantworte meine Fragen und gestalte die Seiten.

Ich berate mit anderen und verbessere meine Arbeiten.

Ich präsentiere mein Portfolio.

In einer Themenmappe gut gelungene eigene Arbeitsergebnisse sammeln, ordnen und aufbewahren: Rund um die Gesundheit, Meine besten Arbeiten aus dem Sachunterricht, Steckbriefe ...

Ein Portfolio einschätzen

Ich lese die Fragen zur Selbsteinschätzung.

Selbsteinschätzung zum Portfolio

Thema:

Name:

Klasse:

1 Was hat mich zum Thema besonders interessiert?
2 Wo habe ich Material gefunden?
3 Wie habe ich das Thema bearbeitet?
4 Was ist mir besonders gut gelungen?
5 Was ist mir schwer gefallen?
6 Was habe ich bei der Arbeit gelernt?
7 Woran würde ich gern weiterarbeiten?

Ich nehme mir Zeit
zum Einschätzen
meines Portfolios.

Ich schreibe meine Antworten
in ganzen Sätzen.

Die eigenen Arbeiten in einer Themenmappe sammeln, schriftlich einschätzen und über die Lernergebnisse nachdenken. Die Arbeitsergebnisse präsentieren und dazu diskutieren.

Eine Wanderkarte …

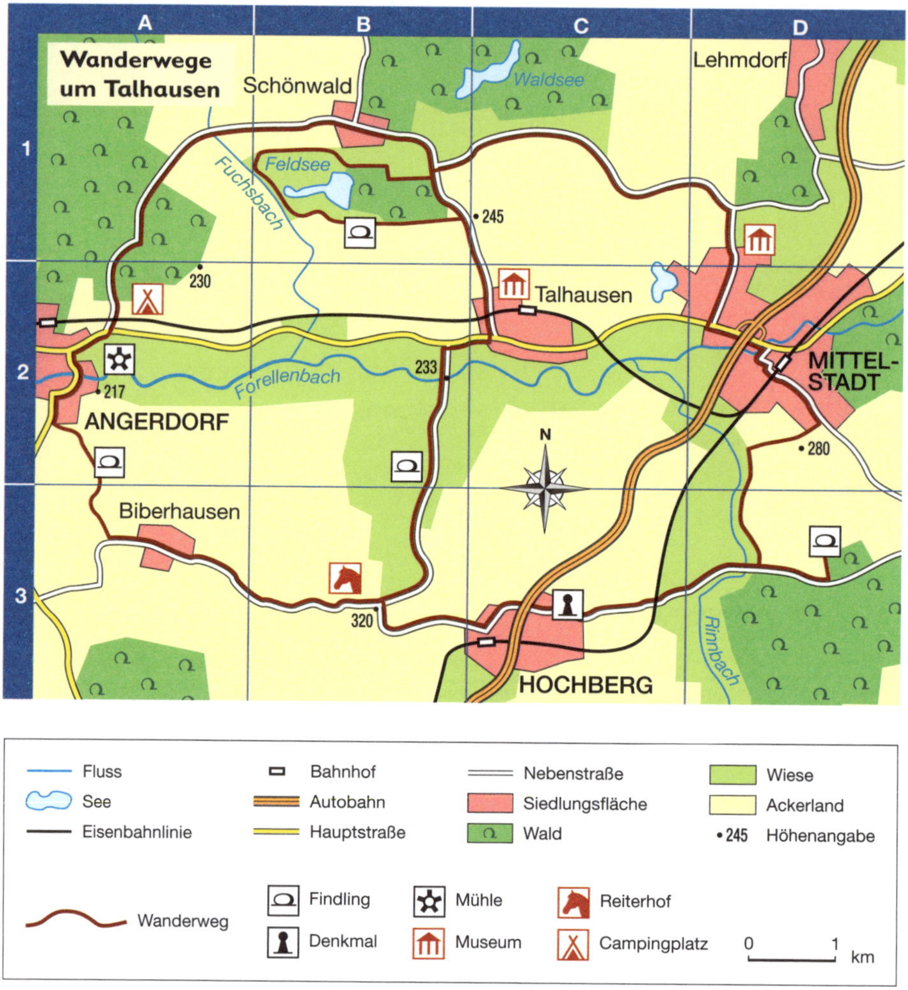

Der vereinfachten Darstellung eines Gebietes auf der Erde mit Hilfe der Legende Informationen entnehmen: Ortsnamen, Straßen, Wanderziele …

... lesen

Die Überschrift benennt den Karteninhalt: Wanderwege ...

Ich betrachte die Legende. Sie zeigt:

- was die Farben bedeuten: Ackerland, Siedlungsfläche
- was die Linien bedeuten: Wanderweg, Hauptstraße
- was die Symbole bedeuten: Findling, Campingplatz

Ich lese mit Hilfe der Legende auf der Karte ab, was sich in diesem Gebiet befindet.

Ich informiere mich: Was bedeuten auf der Karte

- die waagerechten und senkrechten Linien?
- die Buchstaben und Zahlen am Kartenrand?

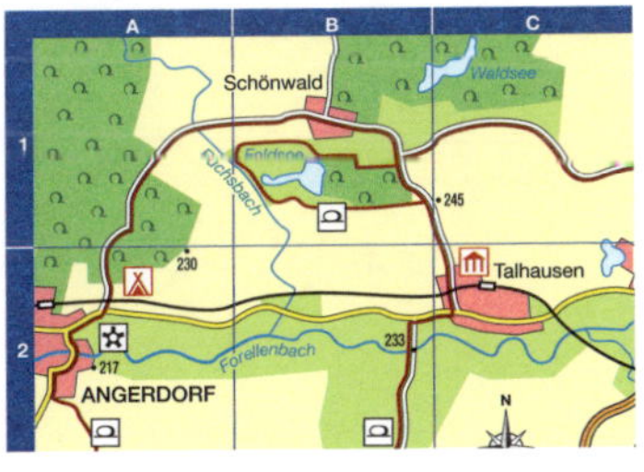

Gitternetz aus Planquadraten

Die Linien bilden Planquadrate. Diese werden nach den Buchstaben und Zahlen am Kartenrand benannt. So kann man auf einer Karte die Lage von Orten, Bergen, Flüssen ... genauer bestimmen und auch schneller finden.

Ich bestimme mit Hilfe der Planquadrate einen Standort:

Talhausen liegt im Planquadrat C 2.

Auf einer vereinfachten Darstellung eines Gebietes der Erde mit Hilfe eines Gitternetzes Lagen bestimmen: die Lage von Orten, von Bergen, von Sehenswürdigkeiten ...

Eine Mindmap zeichnen

- Ich schreibe oder/und zeichne in die Mitte das Thema.
- Von der Mitte zeichne ich Hauptäste ab und schreibe auf jeden ein Signalwort.
- Ich verzweige die Hauptäste. Auf jeden Zweig schreibe ich ein passendes Wort zum Signalwort.
- An die Zweige male ich als Merkhilfen kleine Bildchen.

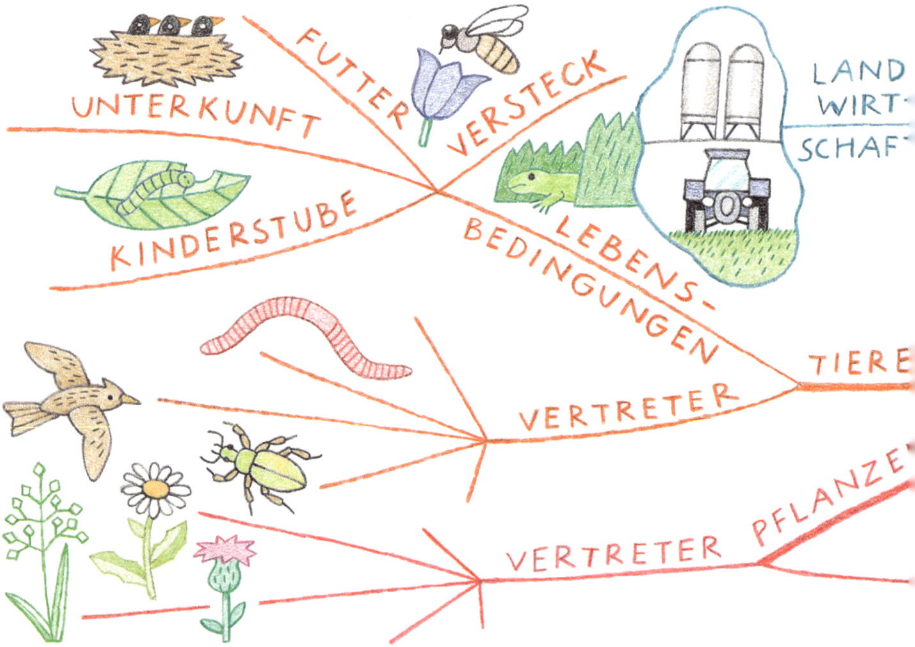

Zu einem Thema eine Gedanken-Landkarte (Mindmap) mit Signalwörtern und Bildchen anfertigen: Der Lebensraum Wiese, Park oder Hecke, Ein Tierporträt, Ein Projektplan …

Eine Mindmap zeichnen

Ich beachte:
- Ich lege ein DIN-A4-Blatt quer und verdrehe es während der Arbeit nicht.
- Das Blatt teile ich übersichtlich ein.
- Ich nutze drei oder mehr Farben.
- Die Hauptäste zeichne ich dicker.
- Ich schreibe nur Druckbuchstaben.
- Ich male viele Bildchen.
- Schrift und Bilder sind unterschiedlich groß.

Zu beachten: Jede Gedanken-Landkarte (Mindmap) etwas anders gestalten, um sich an Form und Inhalt besser erinnern zu können.

Bauen und Konstruieren

Du kannst nach einer Bauanleitung bauen oder selbst etwas konstruieren und bauen.

So gehe ich nach einer Bauanleitung vor:

- Ich lese die Anleitung genau.
- Ich organisiere Materialien:

Werkzeuge:

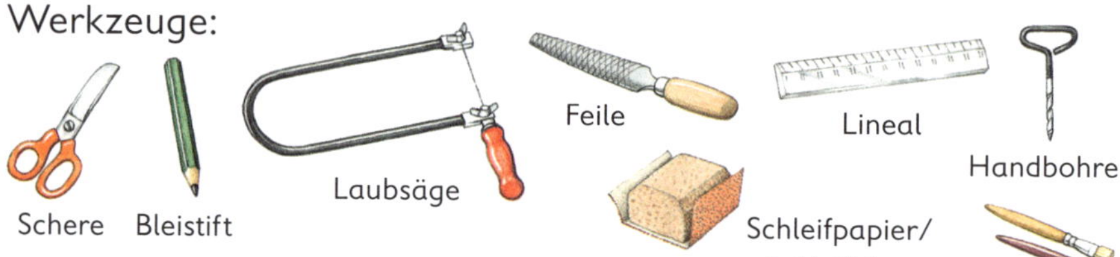

- Ich baue genau nach der Bauanleitung.
- Wenn ich etwas nicht kann, bitte ich um Hilfe.
- Ich präsentiere mein Arbeitsergebnis.

So konstruiere ich ein Türklinkenschild nach meiner Idee:

- Ich überlege, wie mein Schild aussehen soll.
- Ich zeichne und beschreibe meinen Bauplan.
- Ich schreibe Materialien und Werkzeuge auf, die ich brauche.
- Ich nutze zum Bauen meinen Plan.

Etwas nach einem Plan aus Materialien bauen:
Türklinkenschilder, Modelle von Brücken, Türmen, Häusern, Kränen, Booten; die Kulisse für ein Theaterstück …

Bauen und Konstruieren

Ein Türklinkenschild herstellen

Aus Pappe eine Schablone herstellen und ausschneiden

Das Muster des Türklinkenschildes auf Sperrholz übertragen

Das Türklinkenschild mit der Laubsäge aussägen

Die Ränder mit einer Feile oder feinem Schleifpapier glätten

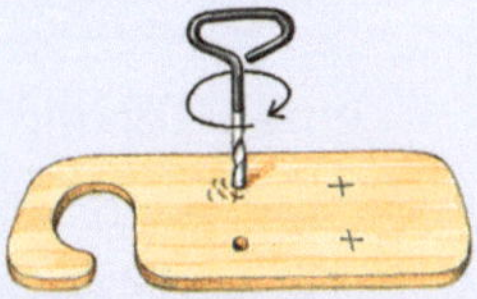

An vorgezeichneten Stellen vier kleine Löcher bohren

Das Türschild mit Acrylfarbe streichen und beschriften

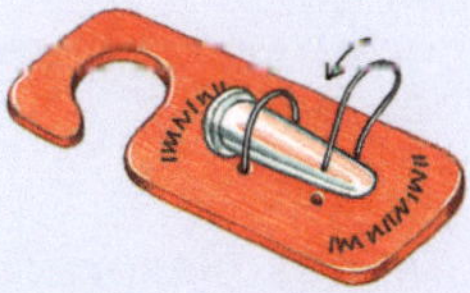

Das Plastikgefäß auflegen, den Draht durch die Löcher ziehen

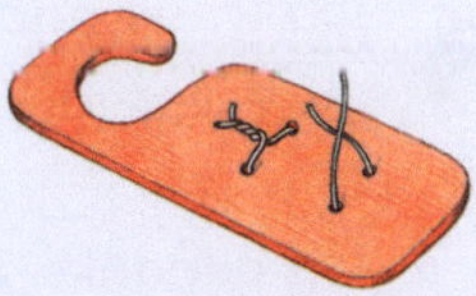

Den Draht auf der Rückseite des Schildes fest verknoten

Das Gefäß mit Wasser und Blüten füllen, an die Türklinke hängen

---

Zum Konstruieren den Bauplan nach eigenen Ideen ausdenken und danach bauen: Spielzeug aus Holz, wie Boote, Autos, Tiere; Spielzeug aus Müll, wie Müllmonster, aus Papier, wie …

Einen Zeitzeugen befragen

Ich wähle ein Thema aus und finde einen Zeitzeugen.

Thema:
Schule zu Omas Zeiten
Name der Zeitzeugin:
Meine Oma, Pauline König

Ich entwerfe einen Fragebogen zum Thema und sortiere die Fragen in der richtigen Reihenfolge.

Schule zu Omas Zeiten
Wann bist du in die Schule gekommen?

Ich informiere meine Gesprächspartner über das Thema. Ich vereinbare für unser Gespräch einen Termin und einen Ort.

Ich führe das Gespräch. Dabei notiere ich Stichpunkte oder lasse ein Aufnahmegerät laufen.

Ich frage nach, wenn ich etwas nicht verstehe.

Ich bedanke mich für das Gespräch.

Ich präsentiere später die Ergebnisse.

Menschen über Ereignisse aus der Vergangenheit befragen, die sie als Augenzeugen selbst miterlebt haben:
Schule früher, Geschichte unseres Wohnortes, ich als Baby …

Inhalt

In der Schule

Wie lernen Kinder in anderen Ländern?

Das Foto beschreiben;
Zusammenhänge zwischen der Frage und der unteren Abbildung herstellen

Schule anderswo

1 Finde Gemeinsamkeiten und Unterschiede zu deinem Schultag.

In Großbritannien
Hallo, mein Name ist Jack. Ich bin sieben Jahre alt. Ich wohne in London. Das ist die Hauptstadt von Großbritannien. Ich bin mit fünf Jahren in die Schule gekommen. Jetzt gehe ich in die 3. Klasse.

Das ist mein Stundenplan:

in Englisch

Time	Monday	Tuesday	Wednesday	Thursday	Friday
9.05–9.30	Mental Maths	Mental Maths	Mental Maths	ICT	Assembly
9.30–10.15	Maths	Maths	Maths	Mental Maths	Maths

in Deutsch

Uhrzeit	Montag	Dienstag	Mittwoch	Donnerstag	Freitag
9.05–9.30	Kopfrechnen	Kopfrechnen	Kopfrechnen	Informatik	Versammlung
9.30–10.15	Mathe	Mathe	Mathe	Kopfrechnen	Mathe
10.15–10.45	Versammlung	Versammlung	Versammlung	Versammlung	Mathe
10.45–11.00	Pause				
11.00–12.00	Englisch	Englisch	Deutsch	Englisch	Deutsch
12.00–12.30	Bücherkiste	Rechtschreibung	Kreisgespräch	Schreiben	Handschrift
12.30–13.30	Mittagessen				
13.30–14.30	Informatik	Geschichte	Kunst	Lesen	Sachunterricht
14.30–15.15	Sachunterricht	Sport	Musik	GE*	Sport

* GE bedeutet Gesundheitserziehung.

Wir sind 33 Kinder in der Klasse. Mein Lieblingsfach ist Geschichte. Am Freitag besprechen wir immer alle Dinge, die für die Klasse wichtig sind. Zum Beispiel den Streit von Jessica und Charlie oder das Klassenfest nächste Woche. An anderen Tagen gibt es Versammlungen für alle Kinder der Schule.

In Australien

Ich wohne auf einer **Farm**.
Meine Schule ist 1000 Kilometer entfernt.
Deshalb lerne ich zu Hause.
Meine Eltern helfen mir dabei.
Meine Lehrerin schickt mir per E-Mail Aufgaben. Die Lösungen sende ich an sie zurück. Jeden Tag **skype** ich eine halbe Stunde mit ihr.
Meine Mitschüler lernen wie ich.
Wir treffen uns nur ab und zu bei unseren Familientreffen in der Schule.

Emily

Yan-Yin

In China

Bei uns beginnt die Schule mit **Frühsport**.
Alle Kinder machen die Übungen mit.
Danach sind wir fit für den Unterricht.
In meiner Klasse lernen 52 Kinder.
Unser Schultag dauert von 7.30 Uhr bis 16.00 Uhr.
Mittags haben wir zwei Stunden Pause.
Chinesisch zu schreiben ist nicht einfach.
Wir haben mehr als 50000 Schriftzeichen. 学校

MITMACHEN UND NACHDENKEN

2 Schreibe einen kurzen Text über deinen Schulalltag.

3 Informiere dich über die Schule in einem anderen Land. Stelle deine Ergebnisse vor.

4 Finde Großbritannien, Australien und China auf einem Globus oder einer Weltkarte.

S. 2/3

Kinder unterschiedlicher Herkunft

In unsere Schule gehen Kinder unterschiedlicher Herkunft. Sie sind in verschiedenen Orten und **Familien** aufgewachsen.

1 Lest die Texte.
Was berichten die Kinder über ihre Herkunft?

Hoa

Meine Oma und mein Opa kamen vor 37 Jahren aus Vietnam in die DDR, um hier zu studieren. Nach dem Studium haben sie Arbeit gefunden und sind geblieben. Sie haben geheiratet und zwei Mädchen bekommen. Das eine Mädchen ist meine vietnamesische Mama. Sie hat einen Mann aus Schwerin geheiratet. Darum kann ich Deutsch und auch Vietnamesisch sprechen.
Als wir letztes Jahr Mamas Verwandte in Vietnam besuchten, konnte ich mich ganz gut mit ihnen unterhalten.

Lenny

Mein Zuhause ist Ferdinandshof, ein Dorf in Mecklenburg-Vorpommern. Hier wohnen auch meine Freunde. Wir treffen uns nachmittags oft, um zusammen Fußball zu spielen. Ferdinandshof hat nur etwa 2600 Einwohner. Jeder kennt jeden. Das finde ich toll. Und ich freue mich auf Hoffeste, bei denen alle zusammen feiern. Dann gibt es leckeren Kuchen. Manchmal ist auch im alten „Brandstall" eine Feier.

Amal

Ich komme aus Aleppo. Das ist die zweitgrößte Stadt in Syrien. Heute ist dort vieles vom Krieg zerstört, deshalb mussten wir unsere Heimat verlassen. Wir haben uns auf den Weg nach Europa gemacht. Immer wieder mussten wir Menschen bezahlen, damit sie uns helfen. Ich habe während unserer Flucht viel Schlimmes gesehen, über das ich noch nicht reden kann. Hier in Deutschland hat meine Familie einen Antrag auf **Asyl** gestellt. Ich freue mich, dass ich nun wieder zur Schule gehen darf. Aber ich habe auch Angst davor, dass wir vielleicht nicht bleiben dürfen.

Kulturelle Vielfalt als persönliche Bereicherung wahrnehmen; unterschiedliche Perspektiven einnehmen

Tim

Ich wohne erst seit Kurzem in Mecklenburg-Vorpommern. Mein Vater arbeitet für eine große Firma in Deutschland und in anderen Ländern. Unsere ganze Familie zieht deshalb oft in eine andere Stadt oder ein anderes Land um. Wir haben schon in Griechenland und in Südafrika gelebt. Deshalb spreche ich ein wenig Griechisch und gut Englisch. In zwei Jahren werden wir wohl wieder wegziehen. Es ist schwer, immer wieder neue Freunde zu finden.

Adam

Meine Mutti ist Polin. Sie hat meinen Vater in Swinemünde kennengelernt. Wir wohnen in Mecklenburg-Vorpommern nahe der polnischen Landesgrenze. Meine Mutti arbeitet als Verkäuferin, mein Vater als Schweißer. Ich habe noch einen kleinen Bruder. Der kann wie ich gut Polnisch sprechen. Am Wochenende besuchen wir oft die Eltern meiner Mutti, unsere Großeltern.

Anna

Meine Eltern und ich sind aus Bayern nach Mecklenburg-Vorpommern umgezogen. In meiner alten Schule in Bayern haben wir auch bayrische Mundart im Unterricht gelernt. Mit meiner neuen Freundin übersetze ich jetzt Bayrisch ins Plattdeutsche. Mund heißt auf bayrisch „Babbn" und auf Plattdeutsch „Snuut". Brötchen heißt auf bayrisch „Semmerl" und auf Plattdeutsch „Stuntje". Auch die Landschaft ist ganz anders.

MITMACHEN UND NACHDENKEN

2 Erzähle über deinen Ort, deine Familie und deine Umgebung, in der du geboren und aufgewachsen bist.

3 Stelle dir vor, du ziehst in ein anderes Land. Notiere:
- Was würdest du vermissen?
- Wie würdest du dich anfangs fühlen?
- Was müsstest du lernen?

4 Stelle dir vor: Kinder sind nach Mecklenburg-Vorpommern gezogen. Diskutiert: Wie können wir den Kindern helfen, sich nicht fremd zu fühlen, sondern zu Hause?

Der Klassenrat tagt

1 Schreibt eure Wünsche und Beschwerden eine Woche lang auf Zettel. Schreibt auch auf, was euch gefällt. Steckt die Zettel an die Pinnwand.

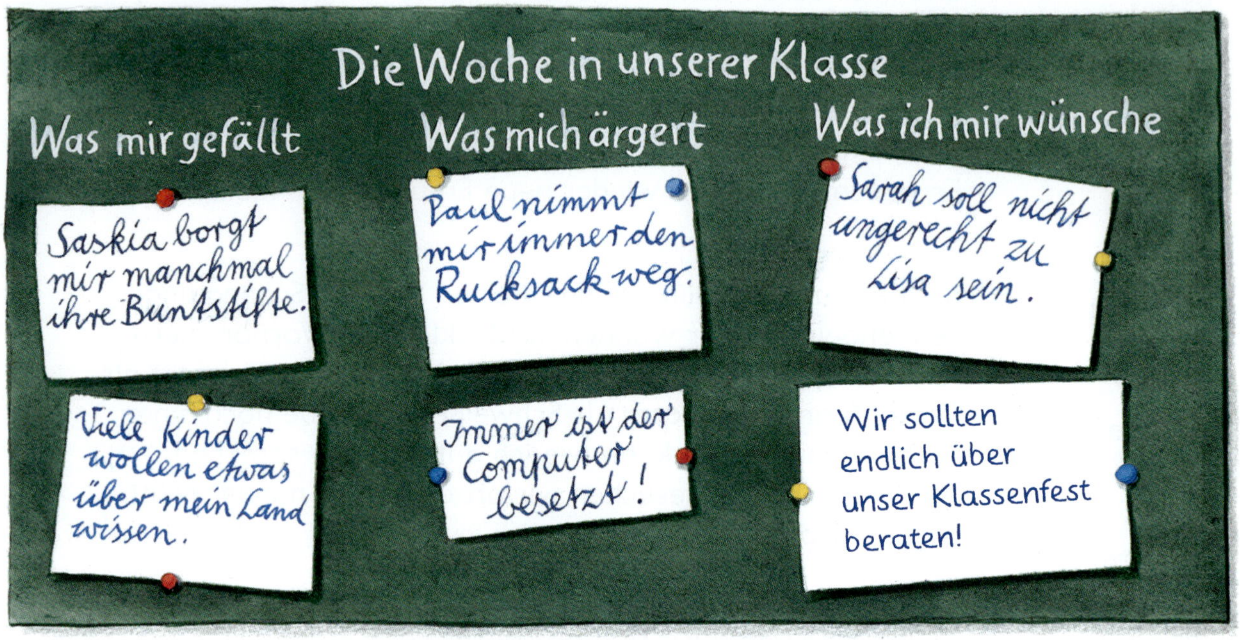

Am Ende des Monats tagt der **Klassenrat**.
Am Klassenrat nehmen alle Schülerinnen und Schüler der Klasse teil.
Begonnen wird mit einer „**Positivrunde**“.
Der Klassenrat berät danach zum Beispiel über gemeinsame Vorhaben, Konflikte in der Klasse wie **Mobbing** oder Aufgaben der Klassendienste.
Jedes Thema ist gleich wichtig.
Alle kennen die Regeln für die Beratung:
sich melden, um etwas zu sagen, keinen beleidigen,
ruhig zuhören, jeden ausreden lassen.
Alle können diskutieren. Es wird gemeinsam entschieden.

Demokratische Verhaltensweisen im Schulalltag kennenlernen; eigene Handlungsmöglichkeiten erkennen

Jeder kann seine Meinung sagen.
Am besten geht es mit der Fünf-Finger-Methode.

Viele Kinder melden sich daraufhin zu Wort.
Ein Kind schreibt das **Protokoll**.

Protokoll des Klassenrates vom 30.10. Protokollant: Gero Hellmann 1. Überprüfen der Vereinbarungen aus dem Protokoll vom 30.9. 2. Ideen zum Thema Klassenfest a) In Gruppen Programm vorbereiten b) Gäste einladen c) Eltern sollen Spiele vorbereiten	Thema Klassenfest heute Abstimmung: 24 Kinder • Vorschlag a) 19 Kinder ja • Vorschlag b) 18 Kinder ja • Vorschlag c) 3 Kinder ja 20 Kinder nein Beschluss: Vorbereitung des Programms in Gruppen, Fest mit Gästen

MITMACHEN UND NACHDENKEN

2 Besprecht, welche Aufgaben die Kinder im abgebildeten Klassenrat haben, zum Beispiel der Protokollschreiber.

3 Legt auch in eurer Klasse die Aufgaben im Klassenrat fest.

4 Lest das Protokoll. Was wurde diskutiert und beschlossen?

Demokratisch handeln

1 Wähle Aufgaben aus. Forsche nach.

1 Bestimmen

Besprich die Situation mit einem Partnerkind.

2 Befehlen

Wähle ein Bild aus. Schreibe eine kurze Geschichte dazu.

3 Mitbestimmen

- Zu Hause darf ich mitentscheiden, welches Fernsehprogramm wir gemeinsam ansehen.

- Ich möchte mitbestimmen, was es als Schulessen gibt.

- Im Ort wird ein neuer Spielplatz gebaut. Die Spielgeräte werden von den Politikern ausgesucht.

Was meinst du dazu? Schreibe zu jedem Punkt deine Meinung. Nutze ein Blatt Papier.

Demokratische Verhaltensweisen wahrnehmen; eigene Handlungsmöglichkeiten erkennen; sich an Entscheidungsprozessen beteiligen

Im Herbst

Der Wind kann aus unterschiedlichen Richtungen wehen.

Von Nord nach Süd

Von Süd nach Nord

Von West nach Ost

Von Ost nach West

Im Herbst wird es windiger und kühler

1 Lies den Text und zeichne: Wie entsteht Wind?

Wo die **Sonne** scheint, erwärmt sich zuerst die Erde und dann die Luft, die sich darüber befindet. Die erwärmte Luft steigt nach oben. Weiter entfernt ist es bewölkt. Die Erde kann sich dort nicht so gut erwärmen. Die Luft bleibt kalt und sinkt nach unten ab. Am Boden strömt die kalte Luft dorthin, wo die warme Luft aufgestiegen ist. Diesen Luftstrom nennt man Wind. Luft kann in alle Richtungen strömen.

LEICHTER LERNEN

Zu Texten zeichnen

- Lies den Text.
- Zeichne eine Skizze. Sie hilft dir, den Text besser zu verstehen.

Windstärken messen

Der englische Seefahrer Francis Beaufort legte im Jahr 1806 eine Windskala an. Sie misst die Windstärke in 12 Stufen.
Auf den Bildern siehst du die Stufen 0, 3, 4, 6 und 9.
Heute werden Windstärke und Windrichtung in **Wetterberichten** durch Bilder, Zeichen und Beschreibungen angegeben.

0 windstill	**3** schwacher Wind	**4** mäßiger Wind	**6** starker Wind	**9** Sturm
Rauch steigt steil auf, Blätter bewegen sich nicht.	Blätter und dünne Zweige bewegen sich leicht.	Blätter und Äste bewegen sich, Staub fliegt hoch.	Bäume bewegen sich, Blätter, Dinge fliegen hoch.	Äste brechen, Ziegel fallen von den Dächern.

S. 6

Lufttemperatur im Herbst

Im Sommer steht die Sonne ganz hoch am Himmel und scheint sehr lange. Im Herbst sind die Tage viel kürzer und die Sonne steigt nicht mehr so hoch. Deshalb wird es immer kühler.

Lufttemperatur messen

In Deutschland werden **Lufttemperaturen** täglich in fast 2 600 **Wetterstationen** gemessen. Die Messergebnisse werden in Tabellen notiert und in Diagrammen dargestellt. Nun kann man genau vergleichen: Welche Temperatur wurde zu welcher Zeit und an welchem Ort gemessen?

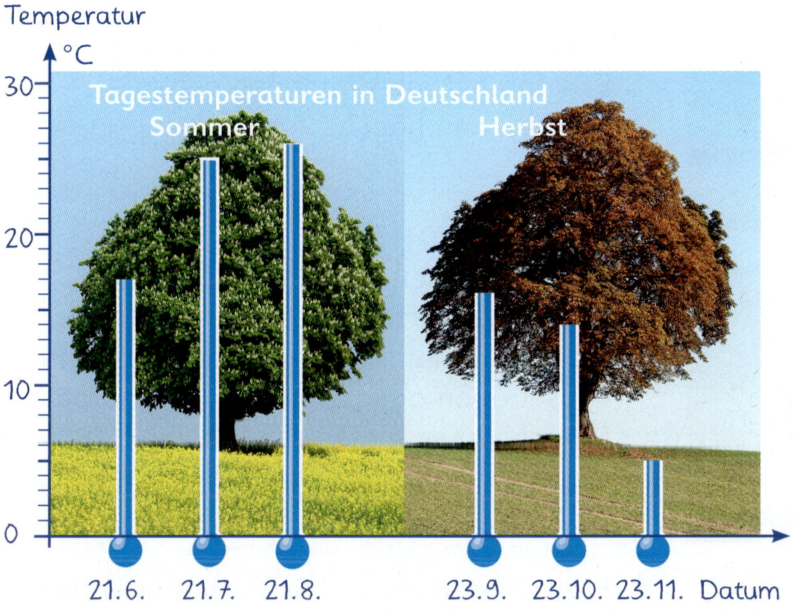

MITMACHEN UND NACHDENKEN

2 Beschreibe das Diagramm.
- Was zeigt es?
- Vergleiche die Temperaturen im Sommer und im Herbst. Begründe die Unterschiede.

3 Messt eine Woche lang immer zur gleichen Zeit die Temperatur draußen. Notiert die Ergebnisse. Was stellt ihr fest?

INTERESSANT

Der Schwede Anders Celsius konstruierte 1742 ein **Thermometer** mit einer Gradeinteilung. Diese ist nach ihm benannt: „Grad Celsius“. Das Zeichen dafür ist °C. Man nennt:
- den Punkt, an dem Wasser zu Eis wird, 0 Grad Celsius;
- den Punkt, an dem Wasser siedet (kocht), 100 Grad Celsius.

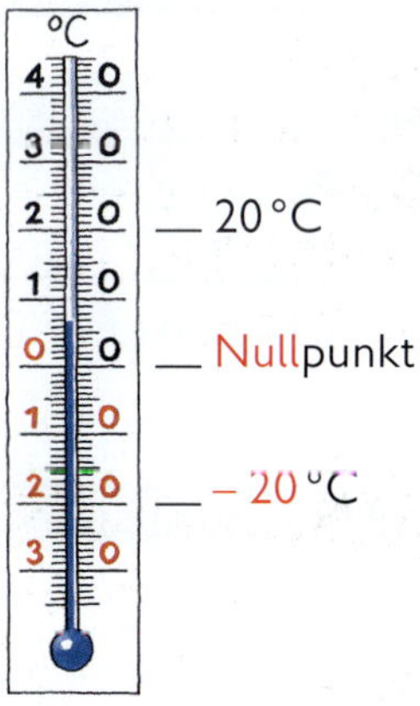

Je nach Temperatur steigt oder sinkt die Flüssigkeit im Glasrohr und zeigt die Temperatur an.

Wolkenbilder lesen

1 Erkläre die Wolkenarten.

Wolken sind Gebilde aus winzigen Wassertropfen oder aus Eis. Ihre Formen und Farben wechseln ständig. Wolken sind „Wetterboten".

Federwolken stehen hoch am Himmel. Sie sind aus Eis und sehen aus wie weiße Federn oder Flecken. Bei heftigem Wind zerfasern sie. Diese Wolken kündigen schlechtes Wetter an.

Regenwolken sind große, dunkle Wolken. Sie bringen viel Niederschlag. Eine schwarze Wolkenwand warnt: Es kann heftige Windböen geben und es kann hageln.

Schichtwolken bestehen aus Eis und feinen Wassertropfen. Sie können fast bis zum Boden reichen. Meist fällt dann Nieselregen oder es gibt feine Graupeln. Manchmal ist hinter den Wolken die Sonne in einem Lichtkreis zu sehen.

Haufenwolken sind Schönwetterwolken. Sie entstehen bei sonnigem Wetter, wenn etwas feuchte Luft aufsteigt. Ihre Unterseite ist meist flach, die Oberseite wie ein Blumenkohl aufgebauscht.

Symbole für die Bewölkung

○ wolkenlos	◔ heiter	◑ wolkig	◕ stark bewölkt	● bedeckt
Der Himmel ist blau oder sternenklar.	Nur wenige Wolken sind zu sehen.	Wolken und klarer Himmel sind etwa gleich verteilt.	Wolken bedecken fast den gesamten Himmel.	Wolken bedecken den Himmel vollständig.

Niederschläge fallen aus Wolken oder entstehen bei besonderen Wettererscheinungen.

Regen und Schnee
Viele winzige Wassertropfen und Eiskörner bewegen sich in den Wolken hin und her. Sie stoßen zusammen und bilden große Tropfen oder Eiskristalle. Sind sie schwer genug, fallen sie aus der Wolke. Bei Lufttemperaturen über 0 °C fällt Regen. Bei Temperaturen unter 0 °C fällt Schnee. Schneeflocken bestehen aus Eiskristallen.

Tau und Reif
Manchmal bilden sich morgens auf Pflanzen und Gegenständen Wassertropfen. Das ist Tau. Er entsteht, wenn die Luft tagsüber trocken ist und nachts stark abkühlt. Sinkt die Temperatur unter 0 °C, wird alles mit Eiskristallen überzogen. Das ist Reif. Tau oder Reif zeigen trockene Luft an. Meist folgt dann ein sonniger Tag.

Gewitter und Hagel
Eine Gewitterwolke türmt sich rasch auf. In ihr wehen starke Winde auf und ab. Diese bewegen die Wassertropfen hin und her. Hoch oben in der Wolke vereisen die Wassertropfen und fallen als Eiskörner wieder herab. In der Wolke können diese Hagelkörner so groß wie Murmeln, Taubeneier oder sogar Tennisbälle werden. Es blitzt und donnert. Heftiger Regen oder Hagel fällt aus der Wolke auf die Erde.

Nebel
Nebel ist eine Wolke in der Nähe des Bodens. Sie besteht aus vielen feinen Wassertröpfchen, die einen dichten Schleier bilden.

Symbole für Niederschläge und					Wettererscheinungen	
Regen	Schnee	Tau	Reif	Hagel	Nebel	Gewitter

2 Malt oder beschreibt Wettererscheinungen, die ihr schon erlebt habt.

S. 2/3, S. 6

Das Wetter beobachten und vorhersagen

1 Wie beobachten die Kinder das Wetter? Beschreibe.

LEICHTER LERNEN

Mit Bildern lernen

- Betrachte das Bild genau.
- Finde Fragen.
  1. Was tun die Kinder?
  2. Welche Hilfsmittel nutzen sie?
- Beantworte die Fragen:
  1. Die Kinder messen die Lufttemperatur, ermitteln die Windrichtung, betrachten die Wolken …

2 Führt selbst Wetterbeobachtungen durch. Nutzt diese Hilfsmittel.

Tragt die Beobachtungen eine Woche lang in eine Wettertabelle ein.

Wettertabelle im Herbst						
Datum	Uhrzeit	Temperatur in °C	Bewölkung	Niederschlag	Windstärke Windrichtung	Sonnenaufgang/ Sonnenuntergang
10.10.	12.00	11	●	◍	○—	7.36 Uhr / 18.41 Uhr
11.10						

Wetterbeobachtungen mithilfe von Materialien und Geräten durchführen; Messergebnisse prüfen

S. 6

Das Wetter auf der Erde wird vor allem von der Sonne, der Luft und dem Wasser beeinflusst.
Wissenschaftler, die das Wetter erforschen, heißen **Meteorologen**.
Sie nutzen zum Beobachten und Auswerten moderne Technik.

Satelliten senden aus dem Weltraum Bilder, die die Wolkenbewegungen überall auf der Erde zeigen.

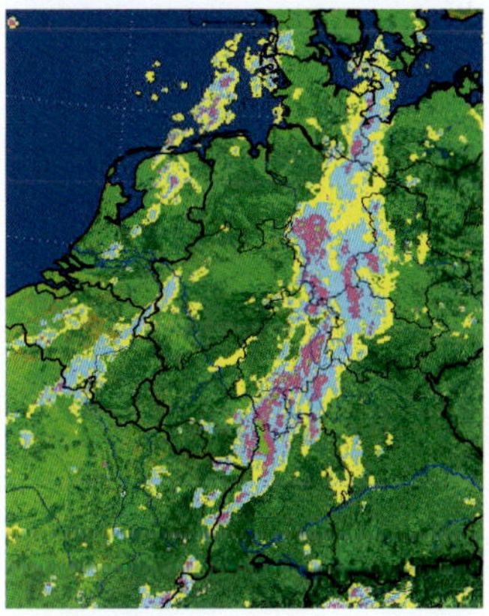

Radarbilder zeigen an, wo Niederschläge fallen. Die verschiedenen Farben kennzeichnen, wie viel Niederschlag fällt.

In vielen Wetterstationen wird weltweit das aktuelle Wetter beobachtet und gemessen.

Aus allen Informationen ermitteln Computer, wie sich das Wetter entwickeln wird.
Du kannst die Wettervorhersage für deinen Ort zum Beispiel in Zeitungen, im Fernsehen oder im Internet nachschauen.

INTERESSANT

Früher schrieben vor allem Bauern und Seeleute Wetterbeobachtungen auf. Beobachtungen, die über Jahre ähnlich waren, dienten als Wettervorhersagen.
Sie sind als Wetter- oder Bauernregeln bekannt.
Oft trafen sie zu, aber nicht immer.

MITMACHEN UND NACHDENKEN

3 Vergleiche Wettervorhersagen aus verschiedenen Medien. Welche Gemeinsamkeiten und Unterschiede entdeckst du?

Der Tagbogen der Sonne und die Jahreszeiten

An wolkenlosen Tagen ist die Sonne gut zu beobachten.
Sie scheint in einem Bogen über den Himmel zu wandern.
Das nennt man den Tagbogen der Sonne.

1 Vergleiche den Tagbogen der Sonne in den einzelnen **Jahreszeiten**:
- Wann steht die Sonne zur Mittagszeit am höchsten?
- Wie lange scheint die Sonne am Tag?
- Wo geht die Sonne auf? In welcher Richtung geht sie unter?

Tagbogen der Sonne in den Jahreszeiten

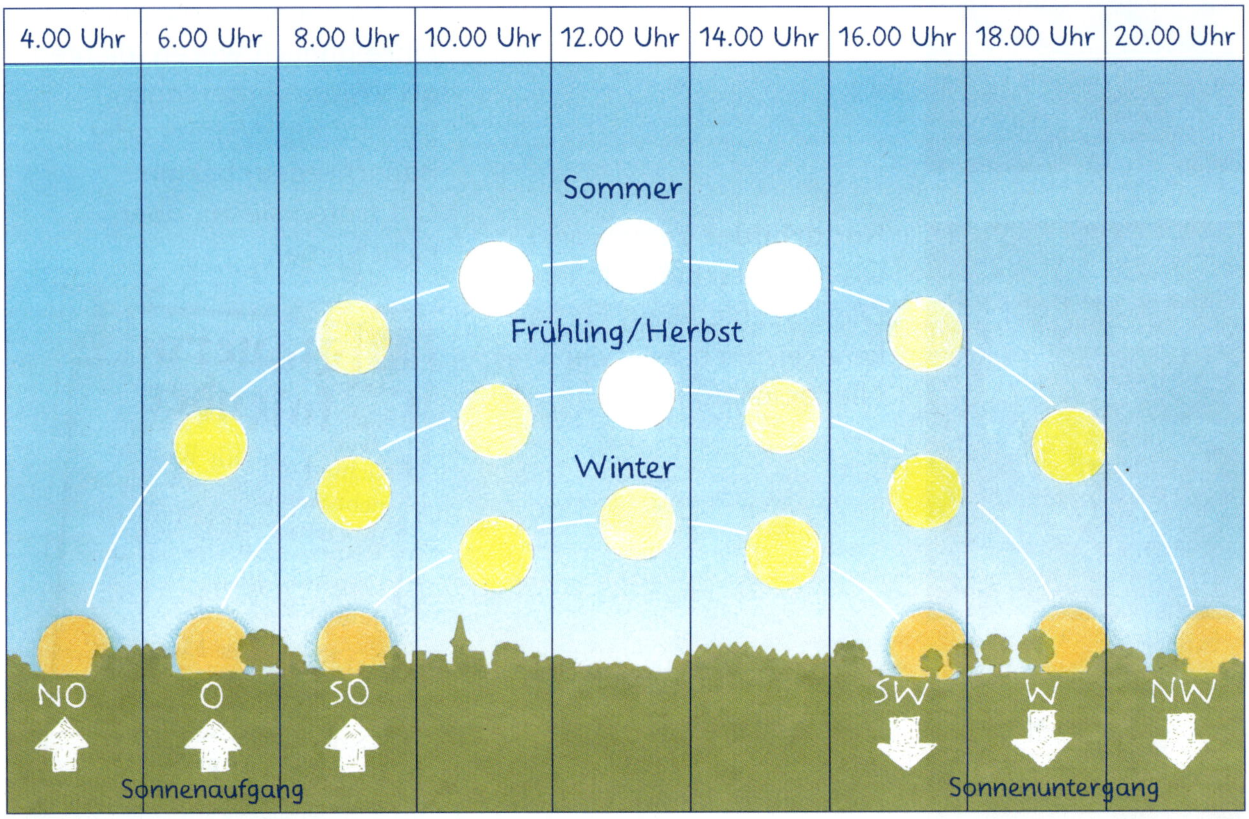

INTERESSANT

Die Erde bewegt sich auf einer Bahn
in einem Jahr einmal um die Sonne.
Die Erdachse ist geneigt.
So strahlt die Sonne mal steiler und länger,
mal flacher und kürzer auf Gebiete der Erde.
Deshalb ist es dort mal wärmer und mal kälter.
Wir erleben Jahreszeiten.

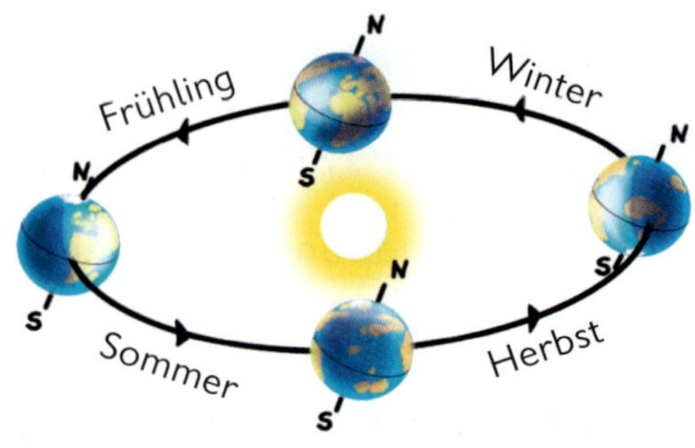

Den Tagbogen der Sonne und die Länge von Tag und Nacht in den Jahreszeiten kennenlernen; die Grafik beschreiben

AH S.4/5

In den Jahreszeiten verändert sich vieles in der Natur:
die Temperatur, das Wetter, Pflanzen und Tiere, die Dauer von Tag und Nacht.

Frühling

- Beginn am 21. März, Tag und Nacht sind gleich lang.
- Täglich wird es etwas später dunkel. Die Nächte werden kürzer.
- Die Sonne steigt mittags immer höher. Es wird wärmer.
- Land und Meere erwärmen sich.

Sommer

- Beginn am 21. Juni, Sommersonnenwende.
- Es ist der längste Tag und die kürzeste Nacht im Jahr.
- Ab jetzt werden die Tage wieder kürzer und die Nächte länger.
- Die Sonne steigt mittags täglich etwas weniger hoch, aber noch wärmt sie stark.
- Land und Meere erwärmen sich weiter.

Herbst

- Beginn am 23. September, Tag und Nacht sind gleich lang.
- Täglich wird es etwas früher dunkel. Die Nächte werden länger.
- Die Sonne steigt mittags immer weniger hoch. Es wird kühler.
- Land und Meere kühlen ab.

Winter

- Beginn am 21. Dezember, Wintersonnenwende.
- Es ist der kürzeste Tag und die längste Nacht im Jahr.
- Ab jetzt werden die Tage wieder länger und die Nächte kürzer.
- Die Sonne steigt mittags täglich etwas höher, aber sie wärmt noch wenig.
- Land und Meere bleiben noch kühl.

MITMACHEN UND NACHDENKEN

2 Gestaltet Plakate zu den Jahreszeiten.

3 Erkläre den Tagbogen der Sonne in den Jahreszeiten.

4 Zeige, wie auf der Erde Tag und Nacht entstehen.
Nimm **Globus** und Taschenlampe zu Hilfe.

Daten der Winter- und Sommersonnenwende kennen

S. 2/3

Wir forschen im Herbst

1 Wähle Aufgaben aus. Forsche nach.

1 Ein Windlicht für den Herbst

Du brauchst:
- Glas
- Steine
- Kerze
- Herbstblätter
- Bast

Warum brennt die Kerze?

2 Wolken in der Flasche

Ihr braucht:
- PET-Flasche 1,5 l
- 1 l heißes Wasser
- Eiswürfel im Plastikbeutel

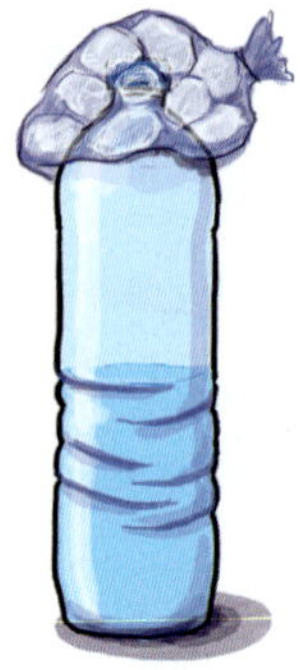

Geht so vor:
- Füllt das Wasser in die Flasche.
- Gießt es nach fünf Minuten aus.
- Schraubt den Deckel zu.
- Legt den Eisbeutel um den Flaschenhals.

Was beobachtet ihr?

3 Ratebild

Was hat solche „Augen“?
Wie sind sie entstanden?

4 Zugvögeln auf der Spur

Jedes Jahr im Herbst sammeln sich die Zugvögel.

Beobachte:
Welche Vögel hast du gesehen?
Forsche nach: Wohin fliegen diese Vögel?

5 Was kann ich mir merken?

- Betrachte das Bild eine Minute lang. Merke dir die Dinge.
- Schließe das Buch.
- Zeichne auf ein Blatt alle Dinge, an die du dich erinnerst.

Beobachtungs- und Merkfähigkeit festigen;
Feinmotorik schulen; Problemlöseverhalten fördern

Miteinander leben

Wie leben Familien hier und in anderen Ländern?

Zusammenleben: Mutter · Vater · Eltern · Tochter · Sohn
Alleinerziehende · Ehepaar · Lebenspartner
Lebenspartnerin · Lebensgemeinschaft ...

Das Foto beschreiben;
Zusammenhänge zwischen der Frage und der unteren Abbildung herstellen

Wie Familien leben

1 Schreibe auf, wie du dir einen Tag in einer dieser Familien vorstellst.

Jeder Mensch lebt in seiner Familie nach eigenen Regeln und Vorstellungen. Das Leben in der Familie wird aber auch durch **Traditionen** bestimmt. Menschen sprechen unterschiedliche Sprachen, feiern besondere Feste, spielen ihre Musik mit eigenen Instrumenten und kochen Essen nach Rezepten, die sie von ihren Eltern kennen.

Heute leben viele Menschen mit ausländischen Wurzeln bei uns. Sie bringen ihre Kulturen mit nach Deutschland und lernen unsere **Kultur** kennen.

FAMILIE: GEBORGEN SEIN · VERTRAUEN HABEN · VERANTWORTUNG ÜBERNEHMEN

Laura

Meine Eltern sind geschieden. Ich habe zwei Schwestern, eine große und eine kleine. Meine große Schwester hilft mir manchmal bei den Hausaufgaben. Wir verstehen uns gut. Wir alle helfen unserer Mama im Haushalt, denn sie arbeitet im Krankenhaus im Schichtdienst.

In den Ferien fahren wir zu unserem Vater nach Kroatien. Er ist jetzt mit Mila verheiratet. Beide wohnen in Zagreb. Dort haben sie ein kleines Restaurant. Mila kocht dort für uns ein kroatisches Sarma. Das sind Krautrouladen mit Reis und Fleisch. Das essen wir besonders gern und die Gäste auch.

Kingsley

Meine Mama ist Dolmetscherin. Sie arbeitet in der Flüchtlingshilfe. Mein Papa ist in den USA geboren. Er arbeitet jetzt in Deutschland in einer Computerfirma. Als er so alt war wie ich, war er mit seinen Pfadfindern oft zelten. Da hat er kochen gelernt.

Seine Spagetti mit Meatballs (Fleischbällchen) in Preiselbeer-Chili-Soße schmecken wirklich toll. Das Rezept hat er von meiner Oma. Mein großer Bruder ist jetzt für ein Jahr bei unserer Oma in Amerika. Er geht dort zur Schule. In der Freizeit arbeitet er in einem Hospital.

MITMACHEN UND NACHDENKEN

2 Was können Laura und Kingsley von ihren Eltern erfahren und lernen?

3 Befragt euch gegenseitig:
Was kann ich von deiner Familie erfahren?
- einen schönen **Brauch**
- Wörter aus eurer Sprache
- ein Essen, das euch besonders schmeckt
- ein tolles Fest, das ihr feiert
- …

VERSTÄNDNIS HABEN · LIEBE ERFAHREN UND GEBEN · KONFLIKTE LÖSEN

Feste aus aller Welt

Überall auf der Welt feiern die Menschen Feste.
Sie kommen zusammen, um miteinander zu reden, zu musizieren, zu essen und zu trinken.
Sie wollen sich gemeinsam freuen, tanzen und ausgelassen sein.

LEICHTER LERNEN

Informationen mit bekanntem Wissen verknüpfen

- Überlege, was du zu einem Thema schon weißt, zum Beispiel zum Osterfest.
- Informiere dich weiter: Frage andere und höre ihnen zu. Nutze Medien wie Bücher oder das Internet.
- Erzähle einem Partner oder zu Hause, was du jetzt zum Thema weißt.

1 Erzähle: So feiere ich Ostern in meiner Familie.

Ostern in Deutschland

Zeit: erster Sonntag nach dem ersten Frühjahrsvollmond

Raksha Bandhan in Nordindien

Zeit: August

Raksha Bandhan ist das Fest der Liebe zwischen Schwester und Bruder. Raksha bedeutet Schutz und Bandhan Bindung. Auf dem Fest schenkt die Schwester dem Bruder ein selbst geflochtenes Armband. Der Bruder bedankt sich mit einem Geschenk.

Manchmal schenkt er der Schwester indische Rupien, bei uns wären das ein paar Cent. Bruder und Schwester wünschen einander, gesund zu bleiben und füreinander da zu sein, auch wenn sie größer werden.

Wir flechten einen Rakhi für Geschwister oder Freunde.

Halloween in den USA
Zeit: letzte Nacht im Oktober

Dieses Fest ist sehr alt. Früher fürchteten die Menschen, dass böse Geister in dieser Nacht Schlimmes anrichten. Heute verkleiden sich die Kinder als Geister. Sie erschrecken die Nachbarn mit dem Ruf „Trick or treat" – „Süßes oder Saures". Sie bekommen dann Süßigkeiten.

Wir verkleiden uns als Geister und feiern Halloween.

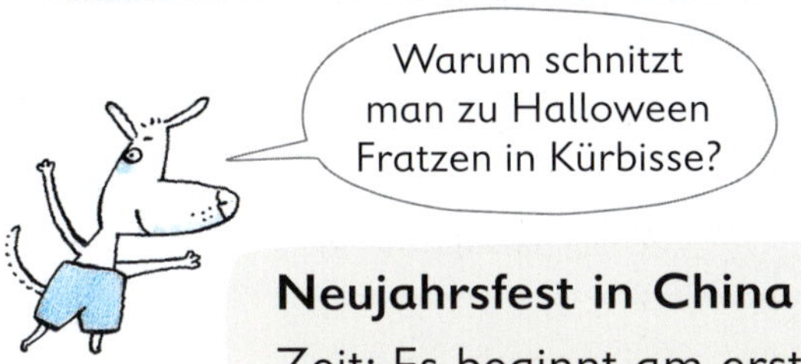

Neujahrsfest in China
Zeit: Es beginnt am ersten Tag des chinesischen Kalenders, meist im Februar, und dauert 15 Tage.

Das chinesische Neujahr ist eines der buntesten Feste der Welt. Zuerst machen die Familien ihre Häuser sauber, um das Unglück des letzten Jahres zu vertreiben. Dann schmücken sie die Räume mit Pfirsichblüten, das soll Glück bringen. Feuerwerkskörper an der Tür vertreiben böse Geister. Die Familien besuchen Verwandte und Freunde. Als Glücksbringer schenken sie einander orangefarbene Mandarinen mit Blättern. Die Kinder bekommen rote Päckchen mit Glücksgeld.

Wir informieren uns über die Zeichen des chinesischen Neujahrsfestes.

MITMACHEN UND NACHDENKEN

2 Was macht ihr auf Festen und Feiern? Sprecht darüber.

3 Gestalte eine Karte zu einem Fest, das du kennst. Stelle das Fest wie auf den Seiten 26 und 27 vor.

Alle leben anders

1 Lies, was Jonas erzählt.
Wie verständigen sich Kinder, die nicht hören können?

Ich heiße Jonas und bin gehörlos.
Um mich ist alles still.
Manchmal bin ich traurig, dass ich Musik oder die Stimmen von Mama und Papa oder meinem Bruder Paul nicht hören kann.
Sie reden mit mir, aber ich verstehe nicht alles.
Im Kindergarten habe ich die Gebärdensprache gelernt, aber nur Mama kann so mit mir reden. Langsam lerne ich, auch Wörter von den Lippen abzulesen.
Mein Freund und ich werden oft angestarrt oder nachgeäfft, wenn wir uns mit Gebärden unterhalten. Das ärgert mich.
Ich wünsche mir, dass mehr Leute, die hören können, diese Sprache lernen. Und ich wünsche mir, dass Filme im Fernsehen oder im Kino mit Untertiteln gezeigt werden.

Gebärdensprache

Baby

Ente

singen

kochen

Die **Gebärdensprache** ist eine Sprache aus Zeichen. Für die Sprache werden Gebärden kombiniert: Man bewegt das Gesicht (Mimik), die Hände, die Arme und manchmal den gesamten Körper. Auch der Mund wird bewegt. In Deutschland leben etwa 60 000 Gehörlose. Für sie gibt es zwar im Fernsehen schon Sendungen mit Gebärdensprache oder mit Untertiteln, aber noch zu wenige. Meist sind es Nachrichtensendungen.

Probleme von Menschen mit Behinderung besprechen;
Gebärdensprache als eigenständige Sprache respektieren

Menschen, die kaum oder gar nicht sehen können, lesen mit den Händen.

Ein junger Mann, Louis Braille, erfindet eine **Punktschrift.** Diese Punktschrift wird bis heute verwendet.
Auch an besonderen Computern kann man in Punktschrift schreiben.

INTERESSANT

Louis Braille

Louis Braille wurde 1809 bei Paris geboren.
Mit drei Jahren hatte er einen Unfall und erblindete mit fünf Jahren. Die Eltern lasen ihm viel vor. Doch er wollte gern selbst Bücher lesen. Seit dem elften Lebensjahr probierte er, eine Schrift für Blinde zu erfinden.
Mit 16 Jahren fand er die Lösung, eine Punktschrift.
Er hatte sich ein Schriftmuster mit sechs Punkten ausgedacht.
Auf jedem Muster machte er einige Punkte für die Finger fühlbar.
So konnte er alle Buchstaben des Alphabets abbilden.

MITMACHEN UND NACHDENKEN

2 Versuche, diesen Satz zu „lesen".

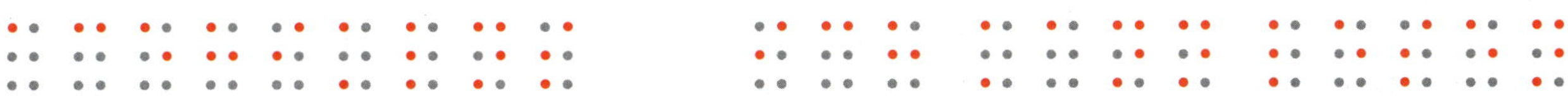

A C E H I K L N S

3 Besprecht, wie ihr euch das Leben eines blinden Menschen vorstellt.

Statussymbole

1 Betrachtet das Bild und diskutiert darüber:
- Was wollen Gero, Leona und Eddy den anderen Kindern zeigen?
- Vermutet, was die anderen Kinder denken und fühlen.

Gero, Leona und Eddy zeigen sich mit ihren **Statussymbolen**.
Ein Statussymbol soll zeigen: Ich habe und bin etwas Besonderes.
Statussymbole gibt es auch bei Erwachsenen:
ein teures Auto besitzen, ein großes Haus haben,
einen besonderen Titel tragen, sich wertvolle Dinge leisten,
Kleidung von besonderen Marken anziehen.

Mit einem Statussymbol wollen sich Menschen
von anderen abgrenzen, sich also unterscheiden
und abheben.

Besitz als Statussymbol:
Wirkung auf das Zusammenleben von Menschen besprechen

Das Auto: Statussymbol oder Notwendigkeit

Ich fahre mein altes Auto, bis es nicht mehr durch den TÜV kommt.

Herr Meyer

Mein Mann fährt einen großen Mercedes. Das muss bei seinem Beruf als Rechtsanwalt sein.

Frau Lech

Ein Auto wäre toll. Aber wir können uns keines leisten.

Herr Wieland

Ich brauche ein kleines Auto, um vom Dorf zur Arbeit in die Nachbarstadt zu kommen.

Frau Rona

Ich bin Handelsvertreterin für Sportartikel und muss Verkaufsprodukte zeigen. Deshalb brauche ich ein Auto mit einer großen Ladefläche.

Frau Staven

Wir brauchen kein Auto. Alle in der Familie fahren mit dem Stadtbus zur Arbeit und zur Schule.

Herr Abraham

Natürlich haben wir ein Auto, wie sollen wir sonst mit unseren vier Kindern in den Urlaub fahren?

Frau Eckart

Unsere Nachbarn haben sich ein neues Auto gekauft. So eines würden wir auch gern haben.

Herr Olwig

MITMACHEN UND NACHDENKEN

2 Der Besitz eines Autos wird von verschiedenen Personen ganz unterschiedlich bewertet. Welche Aussagen erscheinen überzeugend und sinnvoll?

3 Denkt darüber nach und besprecht gemeinsam:
- Besitze ich Statussymbole?
- Gewinne ich durch Statussymbole mehr Freundinnen und Freunde?

LEICHTER LERNEN

Eine Meinung begründen

Nutze:
- Ich finde …, weil … / denn …
- Einerseits …, andererseits …
  Ich meine …, deshalb …

Brauchen Kinder Geld?

1 Wähle Aufgaben aus. Forsche nach.

1 Taschengeld bekommen

Nein, meine Eltern kaufen mir alles.

Ja, ich kriege Geld für gute Zensuren.

Ich bekomme manchmal von Oma Geld. Davon kaufe ich mir Kaugummi.

Ich bin für eigenes Geld, da lernt man sparen.

Ich helfe unserer Nachbarin. Die gibt mir oft etwas Kleingeld.

Nein, ich würde immer gleich alles für Unsinn ausgeben.

Was meint ihr in der Klasse zu den Aussagen der Kinder?

2 Kinderflohmarkt organisieren

- Stelle mit einem Partnerkind eine Liste von Dingen zusammen, die ihr besitzt und eigentlich nicht mehr braucht.
- Kreuzt an, was ihr auf einem Kinderflohmarkt zum Verkauf anbieten würdet.

3 Werbung verlockt zum Kaufen

- Findet Beispiele, wie Mädchen und Jungen zum Kaufen verlockt werden.
- Was soll verkauft werden?
- Notiert Stichpunkte.

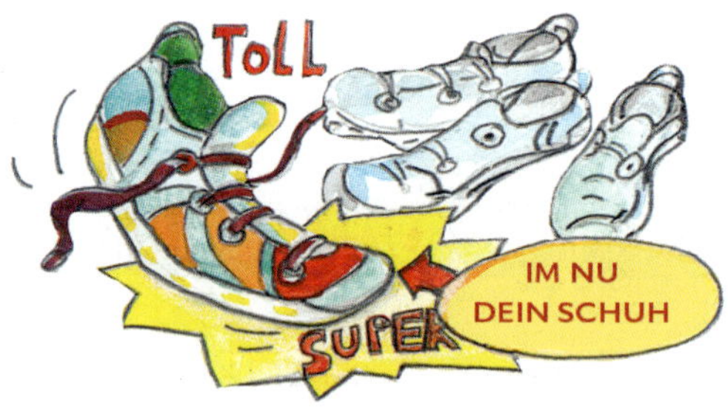

4 Waren aus anderen Ländern

- Überlege, welche von den Dingen, die du kaufst, aus anderen Ländern kommen. Oft steht der Name des Landes auf der Verpackung oder auf dem Preisschild.
- Gestalte ein **Lapbook** zu dem Thema.

Im Winter

Welchen Einfluss hat das Wetter auf den Straßenverkehr?

Gefahren bei Winterwetter

Wie wird das Wetter? Diese Frage stellen sich alle, die draußen unterwegs sind. Aber auch Menschen, die in ihrem Beruf mit dem Wetter zu tun haben, wie Feuerwehrleute, Bauarbeiter oder LKW-Fahrer.
Wer im Winter zu Fuß geht, mit dem Rad oder dem Auto fährt, will wissen, ob es draußen glatt ist. Oft muss der **Winterdienst** für die Sicherheit auf Plätzen und Wegen sorgen.

1 Lege eine Tabelle an.

Wer braucht Wettervorhersagen?	
Beruf/Person	Begründung

2 Wettervorhersagen gibt es in verschiedenen Medien. Vor welchen Gefahren wird hier gewarnt?

In der Zeitung

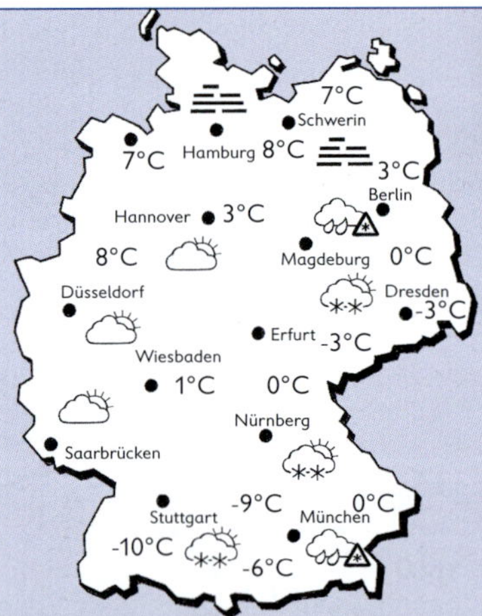

Die Wetterzeichen bedeuten:

- zeitweise sonnig, dichtere Wolken
- bewölkt, Schneefall oder Schneeschauer
- bedeckt und Regen gefriert
- neblig

In Wetter-Apps

Im Fernsehen

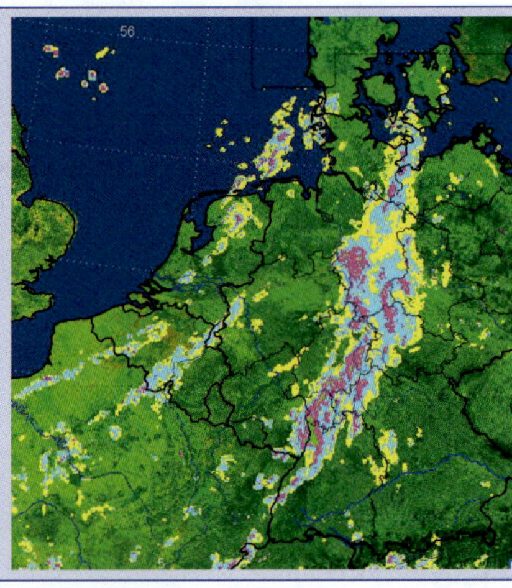

Im Radio

Im Internet

Zum Beispiel auf der Seite des Deutschen Wetterdienstes: www.dwd.de

Gefahren durch Wettereinflüsse im Winter beschreiben; eine Wetterkarte auswerten

A

B

C

D

MITMACHEN UND NACHDENKEN

3 Was siehst du auf den Bildern A–D? Beschreibe.

4 Stellt Tipps zusammen:
Wie wir uns bei Wintergefahren verhalten.

5 Wie hilft die Feuerwehr im Winter?
Informiert euch im Internet oder
bei einem Besuch in einer Feuerwache.

S. 2/3, S. 6, 7

Wie Pflanzen und Tiere überwintern

1 Untersuche eine Kastanienknospe.
Lege eine Sachzeichnung an.

Kastanienbaum

Im Sommer nimmt der Kastanienbaum reichlich Nährstoffe aus dem Boden auf.
Er wächst und bildet schon Knospen aus.
Es sind große, klebrige Knospen.
Aus ihnen werden im nächsten Frühjahr neue Blätter und Blüten sprießen.
Der Kastanienbaum wirft im Herbst seine Laubblätter ab.
Nun ist der Baum in Winterruhe.
Alle Lebensvorgänge laufen langsam ab.
Kastanien sind **mehrjährige Pflanzen**.

Kastanienknospe

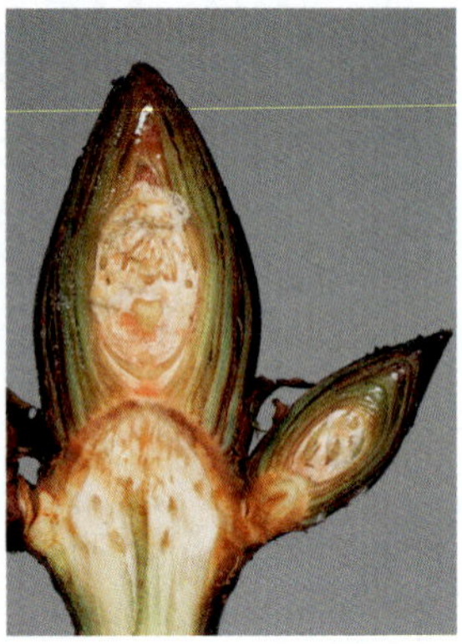
Längsschnitt durch eine Kastanienknospe

2 Lies die Texte. Beschreibe dann die Abbildungen.

Schneeglöckchen und Veilchen

Das Schneeglöckchen überwintert mit einer Zwiebel und das Veilchen mit einem Wurzelstock.
Darin haben die Pflanzen im Vorjahr Nährstoffe gesammelt und gespeichert.
Die Teile über der Erde sterben im Winter ab.
Schneeglöckchen sind mehrjährige Pflanzen. Veilchen können einjährig oder mehrjährig sein.

Schneeglöckchen

Veilchen

Roggen

Die Roggensamen reifen im Sommer in den Ähren. Sie enthalten viele Nährstoffe und auch den Keimling. Die Samen werden im Herbst ausgesät und überdauern den Winter als kleine Pflanzen.
Im Frühling und Sommer des nächsten Jahres wachsen die neuen Pflanzen heran.
Roggen ist eine **einjährige Pflanze**.

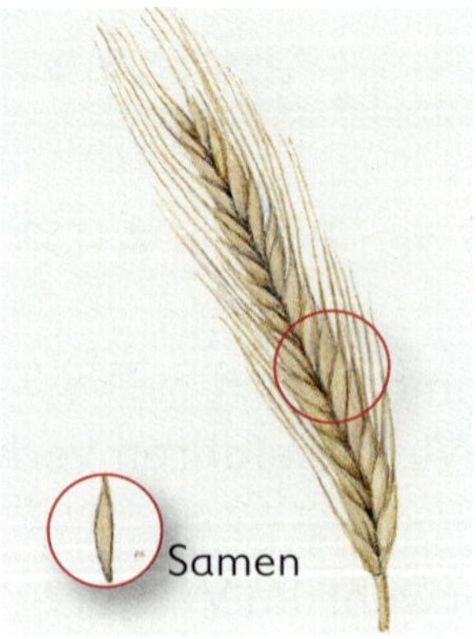

Roggen

Phänomene der belebten und unbelebten Natur beobachten, analysieren, erklären und darstellen; Lebenszyklus von Pflanzen erkennen

Im Winter aktiv

Zum Winter wird das Fell des Feldhasen dichter und dicker. Seine Farbe ist graubraun bis weißlich. Als Einzelgänger ist er allein unterwegs. Besonders in der Dämmerung sucht er Futter, zum Beispiel Knospen, Triebe und auch Baumrinde.

Im Winterschlaf

Igel finden im Winter kaum Futter. Deshalb fressen sie sich im Sommer ein Fettpolster an und schlafen im Winter fünf bis sechs Monate. Sie halten Winterschlaf.

In Winterruhe

Eichhörnchen halten Winterruhe. Sie schlafen oder ruhen mehrere Tage in ihrem Nest. Dann aber suchen sie draußen wieder nach Nahrung.

Spuren im Schnee

Viele Tiere sind im Winter auf Nahrungssuche. Im Schnee sehen wir Fußspuren von Meisen, Krähen, Tauben und Sperlingen. Im Wald und auf dem Feld findest du **Spuren und Fährten** von Reh, Wildschwein, Feldhase, Fuchs, Maus und Eichhörnchen.

MITMACHEN UND NACHDENKEN

3 Wie überwintern Störche und Schwalben?

4 Informiere dich im Internet über weitere Tiere, die Winterschlaf oder Winterruhe halten.

5 Einige Tiere fallen in **Winterstarre**. Forsche nach. Präsentiere deine Ergebnisse.

S. 2/3, S. 7

Rätselhaftes im Winter

1 Wähle Aufgaben aus. Forsche nach.

1 Sichtbarer Atem

Ich entdecke und erkläre:
An kalten Wintertagen kann ich meine Atemluft sehen.
Warum eigentlich?

2 Einen Schneeball untersuchen

Ich lege einen Schneeball drei Tage in ein Gefrierfach.
Verändert er sich oder nicht?

3 Winterdienst

Ich frage nach:
Womit streut der Winterdienst, wenn die Straßen unseres Ortes glatt sind?

4 Eiszapfen

Ich fotografiere und lese nach:
Wie entstehen solche Eiszapfen?

5 Wasser verändert sich

Ich experimentiere:
Ich fülle Wasser in ein Plastik-Ei.
Dann lege ich es sechs bis acht Stunden in ein Gefrierfach oder bei Kälte nach draußen.
Was passiert?

Lösungsansätze für Probleme zu Phänomenen des Winters entwerfen; experimentelle Methode anwenden

AH S.10/11

S. 7

Das tut mir gut

Wie bleibe ich gesund und fit?

Das Foto beschreiben;
Zusammenhänge zwischen der Frage und der unteren Abbildung herstellen

Essen und verdauen

1 Lies den Text. Betrachte die Ernährungspyramide. Welche Nahrungsmittel sollst du sparsam, welche mäßig und welche reichlich essen? Begründe.

Um zu leben, brauchst du Nährstoffe und Flüssigkeit.
Du würdest sonst verhungern oder verdursten.
Durch Nährstoffe und Flüssigkeit erhält dein Körper Energie, die dich kräftig macht.
Nahrung enthält auch Vitamine und Mineralstoffe, zum Beispiel Vitamin C und Salz.
Mineralstoffe und Vitamine sorgen dafür, dass dein Körper gesund und schön bleibt.

Die **Ernährungspyramide** zeigt dir, wie du dich gesund ernähren kannst.
Wie eine Ampel zeigt sie an, was du beachten musst.
Je breiter eine Stelle der Pyramide ist,
desto wichtiger sind die Lebensmittel für deine Ernährung.

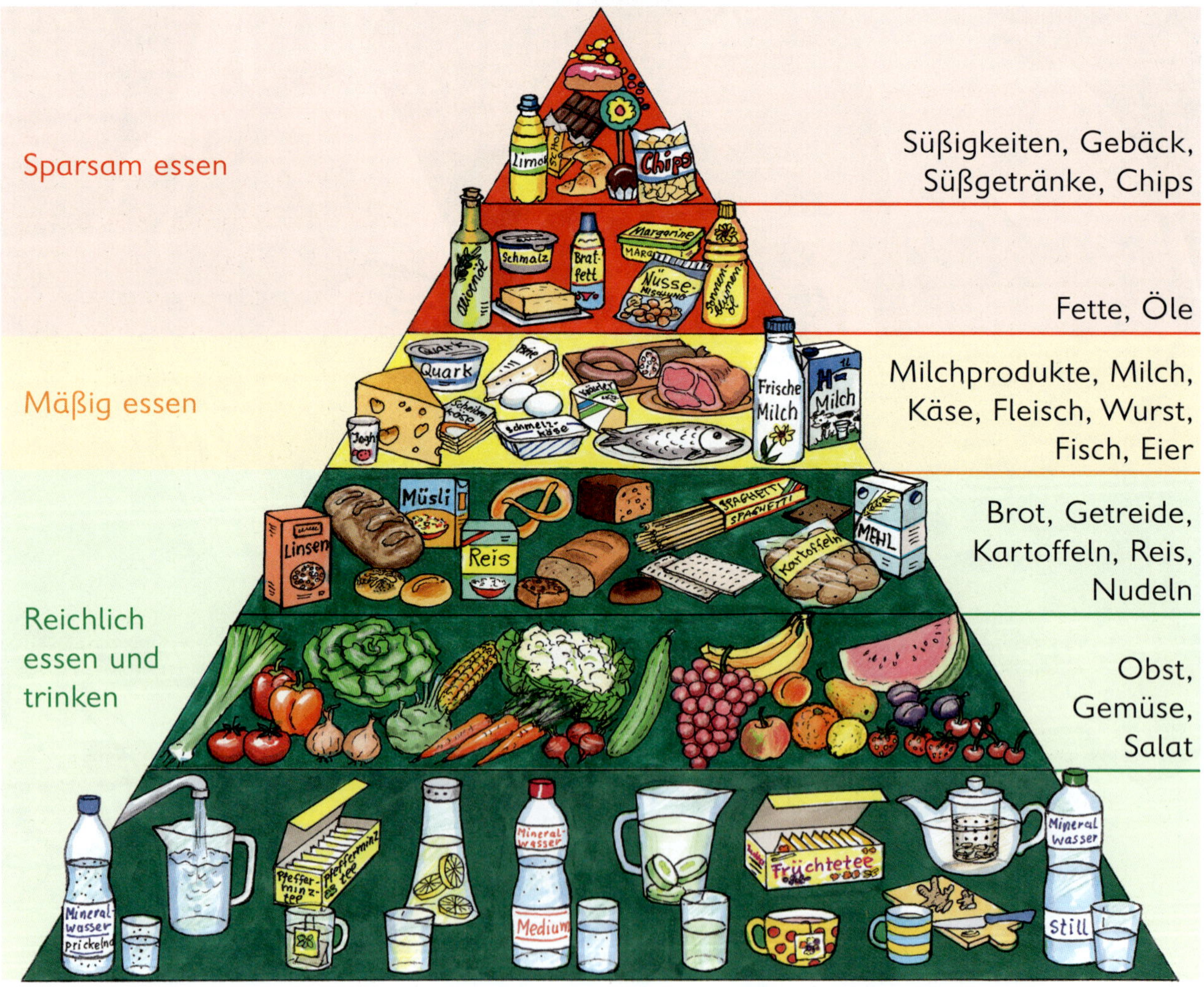

2 Begründe, warum du viel trinken sollst.

Dein Körper verdaut die Nahrung. Sie wird in Baustoffe verwandelt, damit du wachsen kannst. Und sie wird in Energie verwandelt, damit du die Kraft hast, etwas zu tun: atmen, kauen, schauen, laufen, denken, greifen, mit den Augen zwinkern …

1 Im Mund wird die Nahrung mit den Zähnen zerkaut und mit Speichel vermischt.

2 Der weiche Speisebrei gleitet durch die Speiseröhre in den Magen.

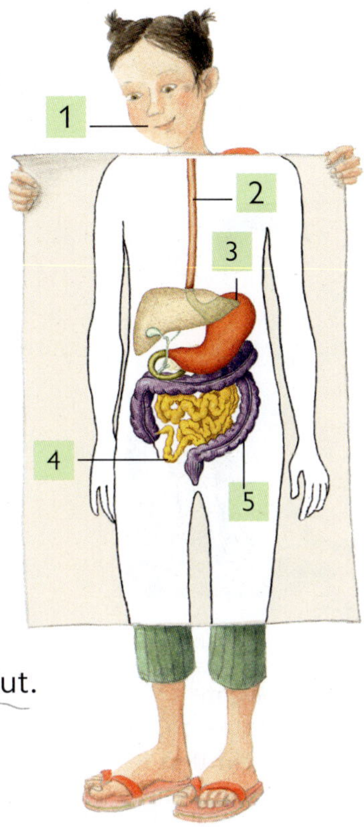

3 Im Magen wird die Nahrung zwischengelagert, gut durchmischt und weiter zerkleinert.

4 Im Dünndarm wird der Speisebrei zerlegt. Viele Nährstoffe gelangen über die Darmwand in das Blut. Das Blut bringt sie an alle Stellen des Körpers. Der Dünndarm ist drei bis vier Meter lang.

5 Im Dickdarm werden weitere Nährstoffreste und das Wasser aus der Nahrung gezogen. Was nicht weiter verwertbar ist, wird zu Kot eingedickt. Der Kot wird über den After ausgeschieden.

Unverwertbares (Kot) über After ausscheiden

LEICHTER LERNEN

Stichwörter aufschreiben

Schreibe dir wichtige Wörter aus einem Text auf. Du kannst diese Stichwörter nutzen, um Fragen zu beantworten oder den Text zusammenzufassen.

MITMACHEN UND NACHDENKEN

3 Male eine kleine Ernährungspyramide für ein gesundes Frühstück.

4 Erkläre den Weg der Nahrung durch den Körper.

5 Finde heraus: Wie viele Trinkgläser kannst du mit einem Liter Wasser füllen?

Ernährung und Gesundheit

Was und wie wir essen ist wichtig für unser Wohlbefinden und unsere Gesundheit. Schlechte Essgewohnheiten können zu Fehlernährung und zu Krankheit führen.

1 Welches Ernährungsverhalten haben die Personen? Diskutiert in der Klasse darüber.

Tipps zur gesunden Ernährung und Bewegung:

Ich sammle Rezepte für gesunde Gerichte.

Die Augen essen mit.

Nach einem üppigen Essen etwas laufen oder Rad fahren.

Zusammenhang zwischen Ernährung und Gesundheit ergründen; an Beispielen Ernährungsgewohnheiten diskutieren

Tipps zur gesunden Ernährung und Bewegung:

Gemeinsam kochen macht Spaß.

Mal ein Stück Schokolade genießen macht gute Laune.

Eine neue Sportart ausprobieren, das hält fit.

LEICHTER LERNEN

Wissenslücken füllen

- Sprecht in Gruppen zu den Bildern.
- Sucht zusätzliche Informationen in Medien.
- Fasst eure Informationen in einer Tabelle zusammen.

MITMACHEN UND NACHDENKEN

2 Ergänzt die Tipps zur gesunden Ernährung und Bewegung.

3 Berichtet, wie ihr auf eine gesunde Ernährung achtet.

Drogen, nein danke!

1 Diskutiert diese Meinungen.

2 Gestaltet zu den Bildern Rollenspiele.

Wie wirkt Nikotin?

Nikotin ist im Zigarettenrauch.
Es ist eines der stärksten Gifte
mit gefährlichen Nebenwirkungen:

- kalte Füße und Hände (Durchblutungsstörungen)
- graue Haut
- das Atmen fällt schwer (Atemnot, Asthma)
- man ist oft müde
- Nachlassen der Sehschärfe, Gefahr des Erblindens
- Gefahr lebensgefährlicher Erkrankungen

IM JUGENDSCHUTZGESETZ STEHT: DIE ABGABE VON TABAK UND ALKOHOL

Gesundheitsschädliche und Sucht begünstigende Faktoren erkennen;
Wissen über gefährliche Folgen von Drogenkonsum vertiefen; Gruppendruck standhalten

Wie wirkt Alkohol?

- Viele sagen, Alkohol macht gute Laune und beruhigt. Doch Alkohol ist ein Gift, es wirkt rasch: Wer viel davon trinkt, bewegt sich langsam, beginnt zu schwanken, stolpert oder stottert sogar. Er kann nicht mehr klar sehen und spürt kaum noch Schmerz oder Kälte. Manchem wird übel. Zu viel Alkohol vergiftet das Blut, man kann bewusstlos werden. Es besteht Lebensgefahr.
- Kinder werden durch Alkohol besonders stark geschädigt. Nicht nur Schnaps, Wein und Bier sind gefährlich, sondern auch Mixgetränke und Alkohol, der in Süßigkeiten wie Pralinen versteckt ist.
- Alkohol stört die Entwicklung des Kindes: das Denken, das Sprechen, die Beweglichkeit.
- Alkohol ist eine Droge. Man kann davon abhängig oder schwer krank werden.

3 Bearbeitet diese Aktionen in Gruppen.

1 **Werbung gegen Alkohol**
- eine Werbung für Alkohol suchen
- einen Werbespruch dagegen verfassen
- die Werbesprüche in der Klasse ausstellen

2 **Rollenspiel: „Ich kann ‚nein' sagen"**
- „Nein" sagen, wenn Zigaretten angeboten werden
- „Nein" sagen zu Alkohol
- „Nein" sagen zu Tabletten bei Kopfschmerzen, andere Lösung suchen

3 **Plakate gegen Drogen gestalten**

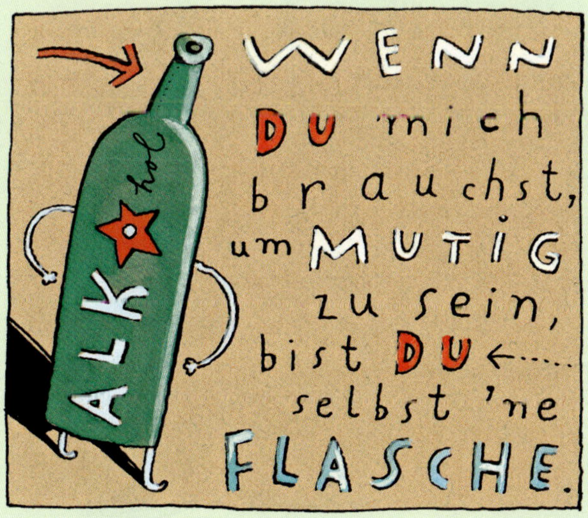

AN JUGENDLICHE UNTER 18 JAHREN IST VERBOTEN!

Mit dem Körper sprechen

1 Wähle Aufgaben aus. Forsche nach.

1 Bild ohne Worte

Beschreibe die Situation.
- Woran erkennst du, was die Kinder wollen?
- Woran erkennst du, wie sie sich fühlen?

2 „Sprechen“ ohne Worte heißt Körpersprache

Zeige durch dein Gesicht und deine Hände, wie du dich fühlst.
Lasse deine Partner erforschen, was du zeigst.

wütend, traurig, lustig, nachdenklich, erstaunt, begeistert, vorsichtig, schüchtern, erfreut, angeekelt, besorgt, ängstlich

3 Informationssuche

Sucht im Internet Informationen über Körpersprache.
Verwendet die Suchmaschinen:
- fragFINN.de
- helles-koepfchen.de

Bereitet in Gruppen einen Vortrag zum Thema „Körpersprache“ vor.

Verbale und nonverbale Ausdrucksformen erkennen;
Emotionen mitteilen und bei anderen Menschen wahrnehmen

S. 2/3

Bei uns und anderswo

Kleine Pläne – große Pläne

1 Erklärt die Schritte vom Schulmodell zum Plan.

Die Schule von allen Seiten

Das Modell der Schule

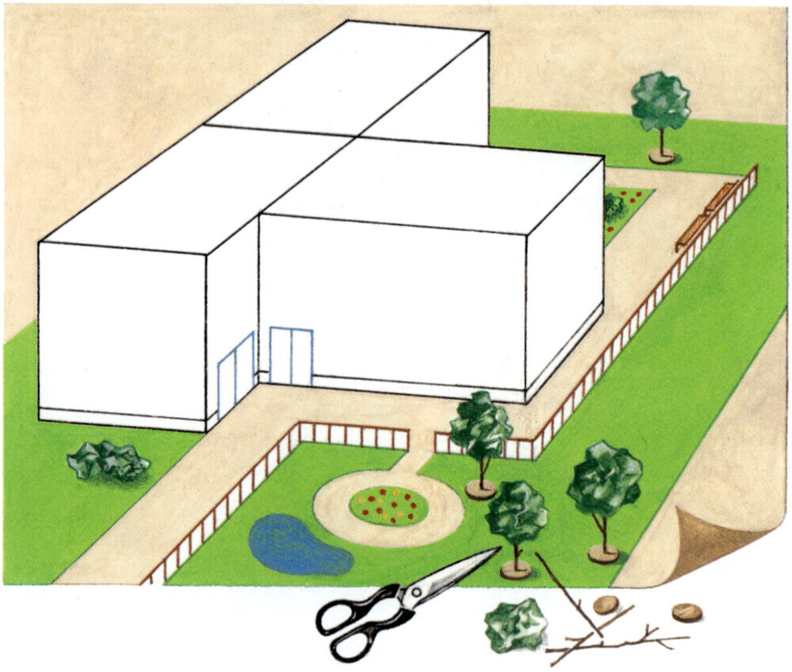

Beachtet:

- Im Modell wird die Wirklichkeit verkleinert und vereinfacht dargestellt: Häuser, Wege, Plätze …
- Alles ist so angelegt, wie es in Wirklichkeit ist.
- Wird das Modell mit einem Stift umfahren und dann von der Unterlage entfernt, sind auf dem Papier Grundrisse zu sehen: von der Schule, von den Bäumen und Wegen … Ein Plan ist entstanden.
- Der farbige Plan braucht eine Legende. Dann ist der Plan „lesbar". Die Legende erklärt die Bedeutung der Farben, Linien und Zeichen.

Der Plan der Schule

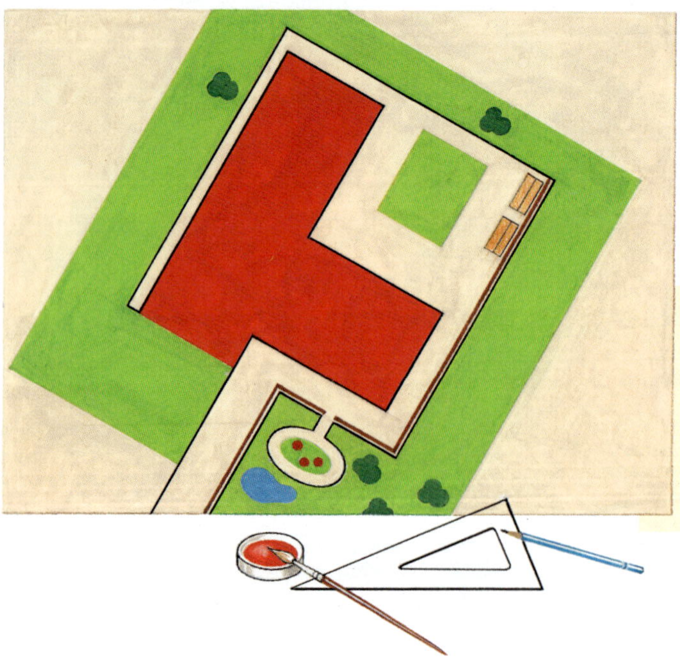

Legende

- Gebäude
- Grünanlage
- Beet
- Baum
- Weg
- Zaun
- Bank
- Teich

Das Schulgebäude erkunden;
erfahren, wie ein Modell und ein Plan der Schule entstehen

Ein Ortsplan

Ein Ortsplan zeigt Straßen, Gebäude, Plätze und Grünanlagen eines Ortes. Sie sind als vereinfachte, verkleinerte und verebnete Grundrisse dargestellt. Zu jedem Ortsplan gehört auch eine Legende, die alle Zeichen und Farben im Plan erklärt.

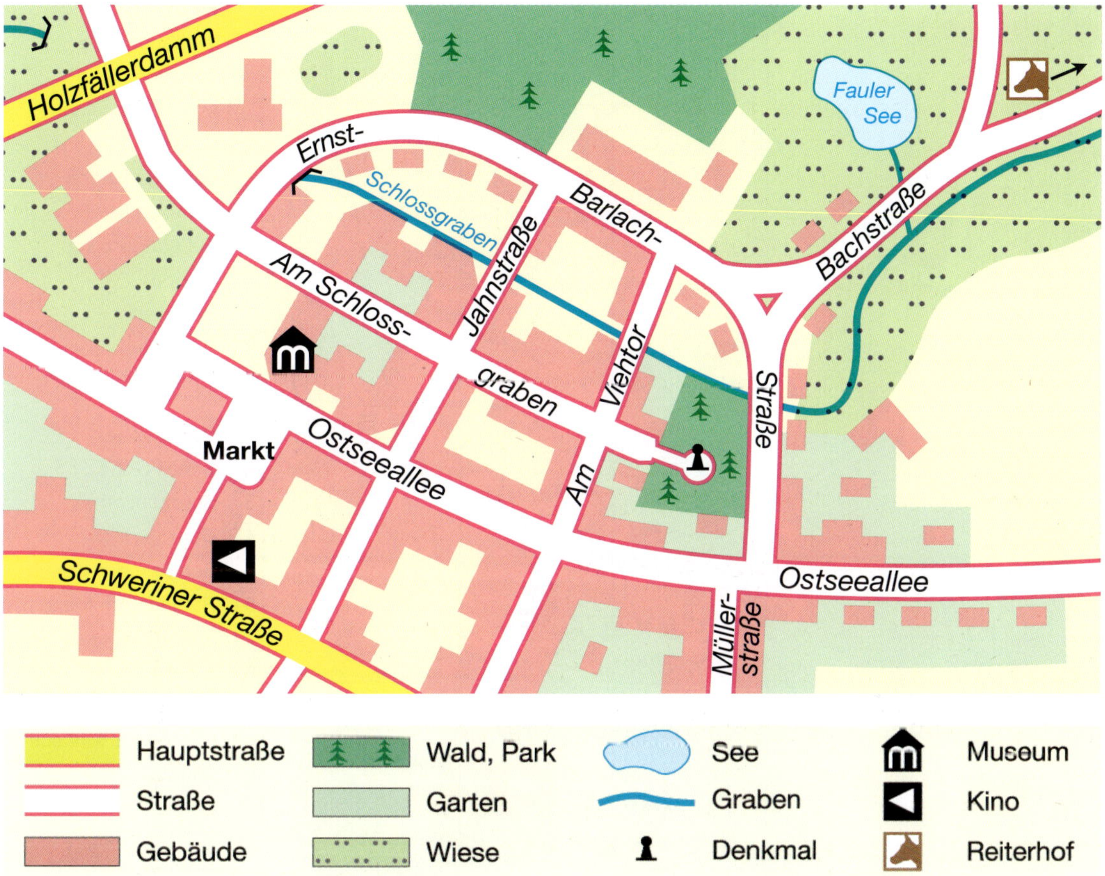

Mit einem Ortsplan kannst du dich über einen Ort informieren, auch wenn du noch nie dort warst.

MITMACHEN UND NACHDENKEN

2 Findet auf dem Plan das Museum und das Denkmal.

3 Stellt euch weitere Fragen zum Ortsplan: Wo ist … ? Wie komme ich … ?

Verschiedene Karten kennenlernen

Einen Stadtplan nennt man auch thematische Karte, weil er sich auf ein bestimmtes Thema bezieht. Das Thema heißt hier „Schwerin“. Mit einer solchen Karte kannst du dich in einer Stadt orientieren.

Stadtplan Schwerin

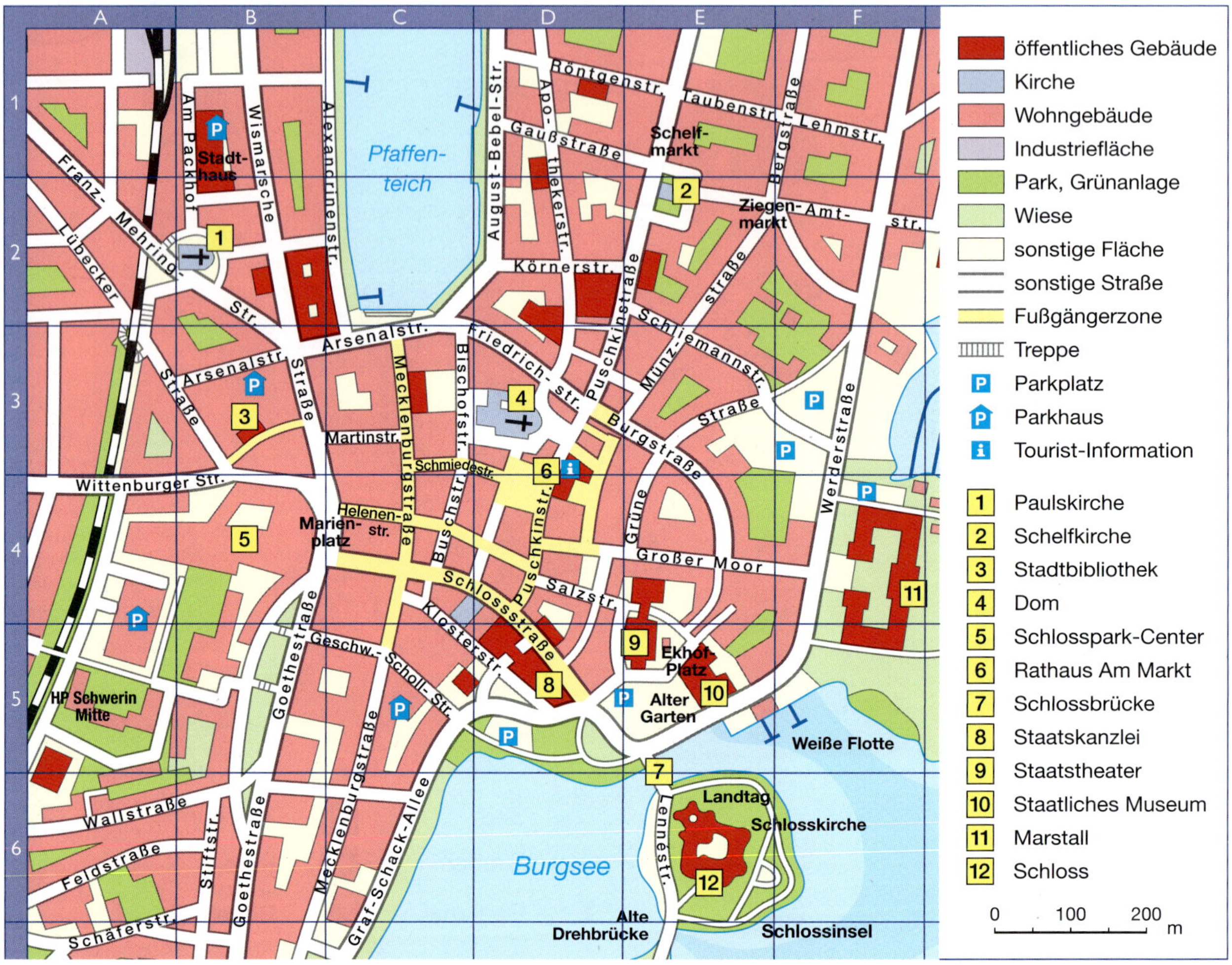

1 Arbeitet in Partnerarbeit mit diesem Plan. Notiert eure Ergebnisse.

- An welchem See liegt das Schweriner Schloss?
- Findet auf dem Plan den Dom, das Rathaus Am Markt und eine andere Sehenswürdigkeit. Beschreibt deren Lage in der Stadt.
- Nennt drei Straßen und Plätze, an denen Sehenswürdigkeiten liegen, zum Beispiel: Der Marstall befindet sich …
- Jeder beschreibt einen Weg durch das Zentrum von Schwerin. Wählt den Start und das Ziel aus. Findet den kürzesten Fußweg zwischen Ausgangspunkt und Ziel.

AH S.18/19 S. 12/13

Thematische Karten gibt es zu vielen Themen.
Sie helfen, sich in der Umgebung zurechtzufinden.
Thematische Karten liefern uns je nach ihrem Thema unterschiedliche Informationen:

Wanderkarte

In einer Wanderkarte sind Wanderwege und interessante Ausflugsziele eingezeichnet.

Straßenkarte

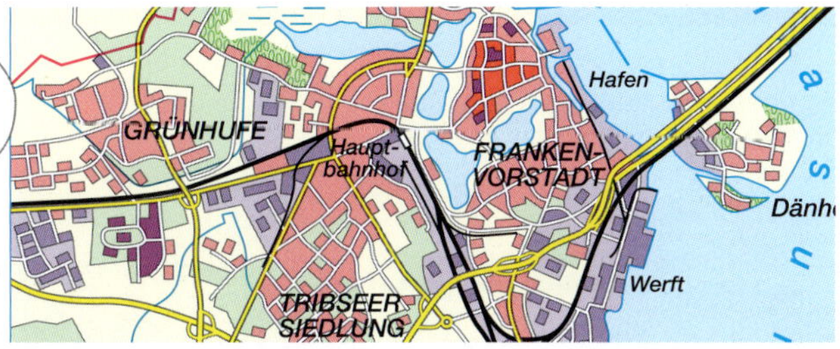

Mit einer Straßenkarte informieren sich Autofahrer über den Verlauf der Straßen.

Übersichtskarte (physische Karte)

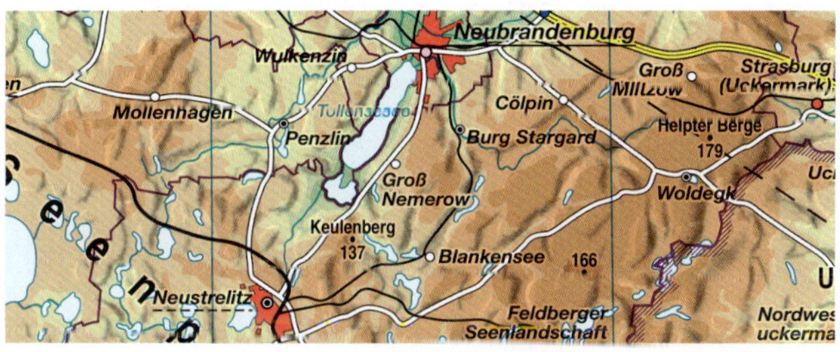

Eine physische Karte zeigt Berge und flaches Land, aber auch Flüsse und Seen.
Auf der Karte erkennt man die Lage von Orten, aber auch Verkehrswege wie Straßen und Bahnstrecken und auch **Grenzen** zu anderen Gebieten.

MITMACHEN UND NACHDENKEN

2 Bringe eine Karte mit in den Unterricht. Erkläre sie.

3 Für die Orientierung kann man auch GPS (Positionierungssystem) benutzen.
Berichte von deinen Erfahrungen mit diesem System: beim Autofahren …

Von der Wirklichkeit zur Übersichtskarte

1 Beschreibe die Fotos. Lies dann die Texte.

Eine Ebene ist ein weites, flaches Gebiet. Dort gibt es keine Berge und keine Hügel. Man kann weit in das Land schauen.

Ein Hügel erhebt sich nur wenig über seine Umgebung. Hügel sind nicht höher als 200 Meter. Sie haben abgerundete Kuppen. Die Hänge sind häufig flach und lang gezogen. Oft liegen mehrere Hügel hintereinander wie eine Kette. Landschaften mit Ebenen und Hügeln nennt man Tiefland.

Ein Berg überragt seine Umgebung. Berge können über 1000 Meter hoch sein. Manche Berghänge fallen steil ab. In den Tälern zwischen den Bergen fließen oft Bäche und Flüsse. Manchmal füllen kleine Seen die Täler. Mehrere Berge und Täler oder eine Kette von mehreren Bergen nennt man Gebirge.

Ein Beispiel: Flache Karten zeigen hohe Berge

1

Das ist eine **Landschaft** mit Berg und Tal.
Es sind kleine Häuser, Wiesen, Felder und Bäume zu sehen. Ein Fluss fließt in einen See.

2

So kann man die Landschaft mit Höhenlinien und Höhenschichten vereinfacht darstellen.
Jede Höhenschicht hat eine andere Farbe.

3

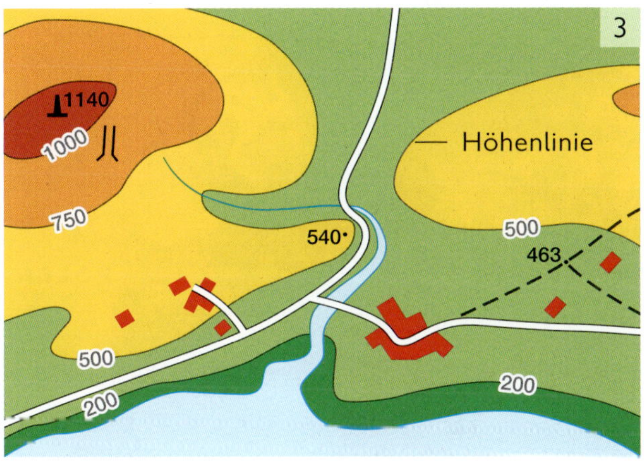

Landhöhen

- 750 m – 1000 m
- 500 m – 750 m
- 200 m – 500 m
- 100 m – 200 m
- 0 m – 100 m

Von oben betrachtet sehen die Höhenschichten wie farbige Flächen aus. Hier sind Höhenlinien und Höhenschichten auf einer Karte dargestellt.

MITMACHEN UND NACHDENKEN

2 Betrachtet das Modell des Berges mit den Höhenschichten. Zeichnet den Berg als Karte mit farbigen Flächen.

Landhöhen

- 750 m – 1000 m
- 500 m – 750 m
- 200 m – 500 m
- 100 m – 200 m
- 0 m – 100 m

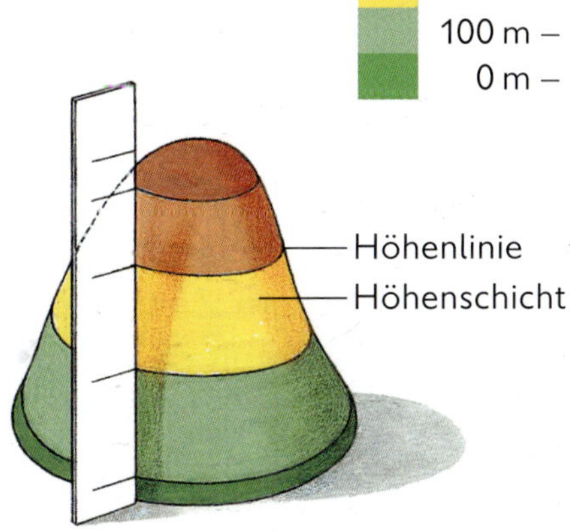

Tipps zum Umgang mit Karten

Diese Übersichtskarte (physische Karte)
zeigt die Höhenschichten von Mecklenburg-Vorpommern mit farbigen Flächen.
Jede Höhenschicht hat eine andere Farbe.

1 Lies die Karte. Nutze die Legende und die Tipps.

Höhenschichten in Mecklenburg-Vorpommern

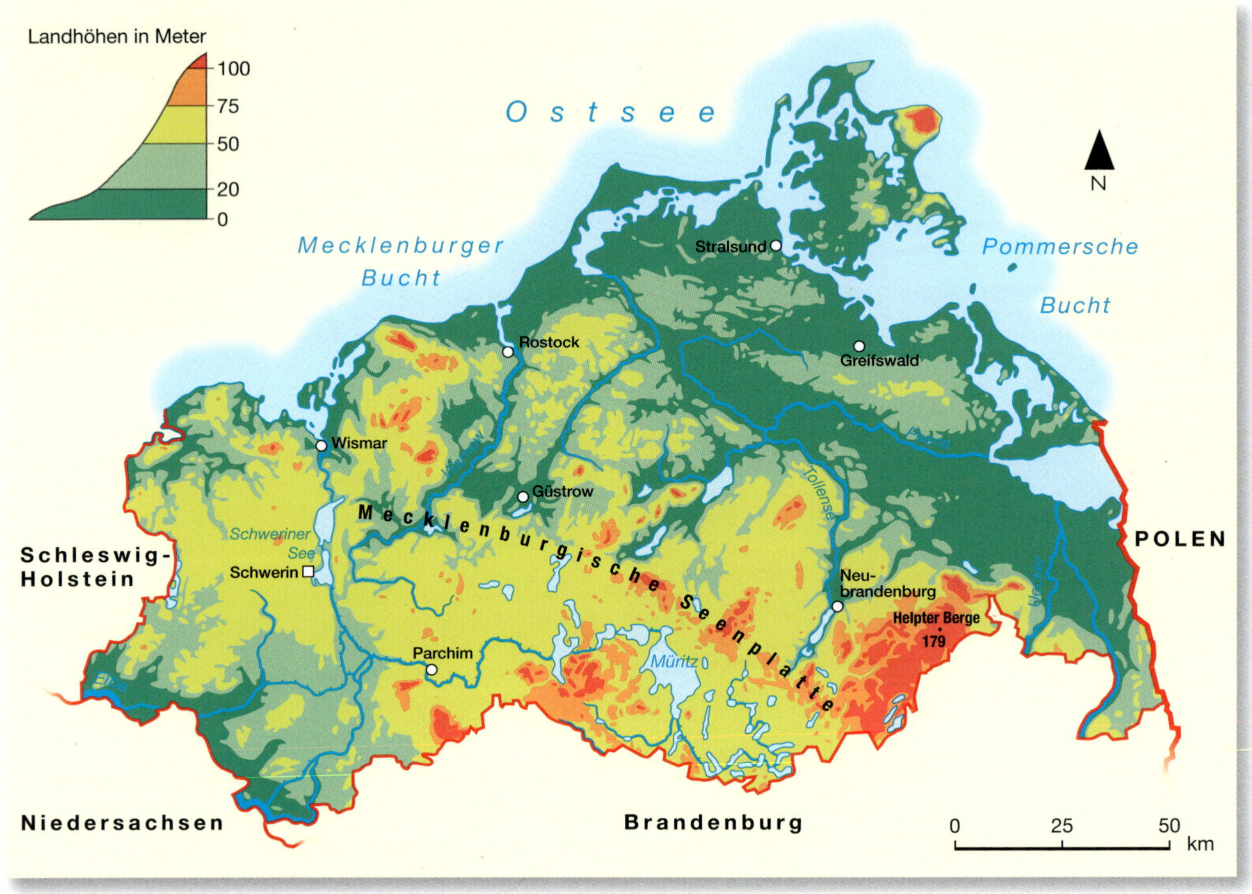

Tipp 1: Die Legende der Karte lesen

Schau dir jedes Zeichen und die Erklärung dafür an.
Suche die Zeichen auf der Karte.
So kannst du die Karte Stück für Stück „lesen“.

Tipp 2: Entfernungen auf der Karte bestimmen

Dazu nutzt du einen Faden. Lege den Faden
vom Startpunkt bis zum Zielpunkt.
Achte darauf, Kurven mit dem Faden sorgfältig auszulegen.
Am Zielpunkt schneidest du den Faden ab.
Miss mit dem Lineal die Länge des Fadens.
Errechne dann mit der Maßstabsleiste die Entfernung.

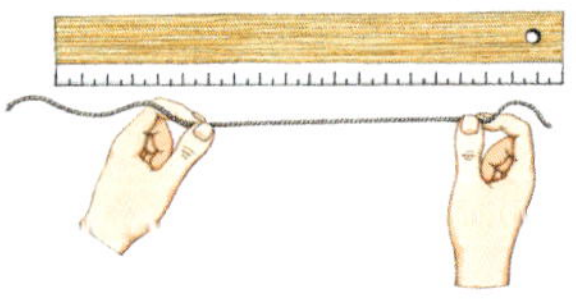

Tipp 3: Die Karte einnorden

Auf einer Karte zeigt die Nordrichtung immer zum oberen Rand.
Um die Karte im Gelände auszurichten, benutzt du einen **Kompass**.

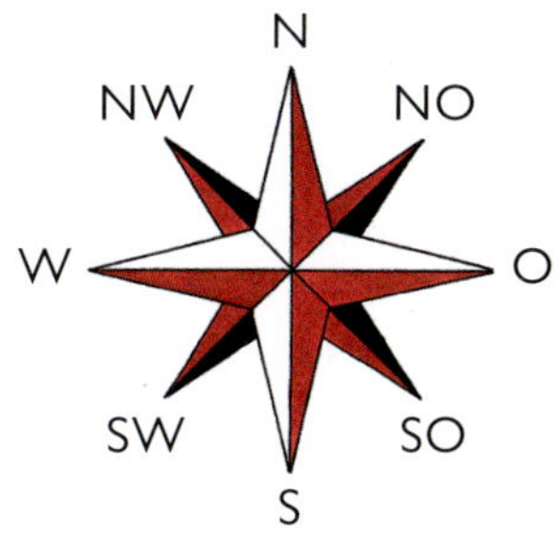

Windrose

So kannst du die Karte einnorden.

den Kompass an den Rand der Karte legen

die Karte drehen, bis N auf der Skala zum Richtungspfeil zeigt

So kannst du dir deinen eigenen Kompass bauen.

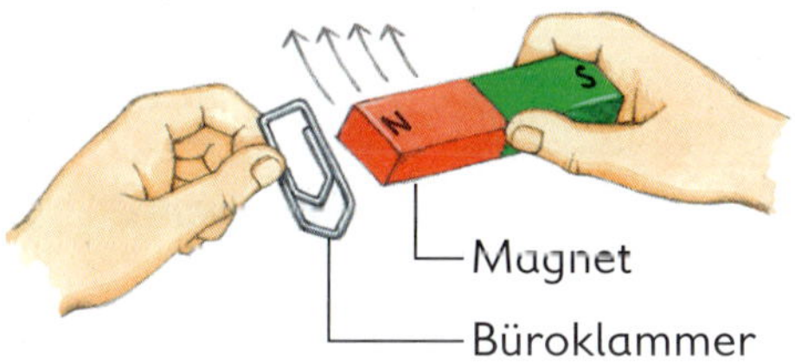

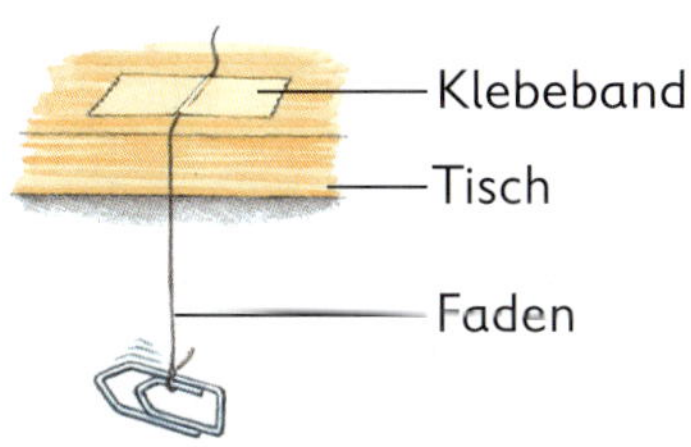

LEICHTER LERNEN

Sachen ausprobieren
Probiere aus, wie Sachen funktionieren, zum Beispiel ein Kompass.
Dann kannst du die Funktion gut verstehen und auch erklären.

MITMACHEN UND NACHDENKEN

2 Beschreibe mithilfe der Windrose die Lage von Orten, Flüssen …

3 Wie sieht die Landschaft aus, in der du wohnst? Benutze zur Beschreibung auch die Karte.

4 Vergleiche die Karte auf Seite 54 mit der auf der hinteren Umschlagseite.
Welche Gemeinsamkeiten erkennst du?
Welche Unterschiede fallen dir auf?

Unser Heimatkreis

Eine Karte, die die **Grenzen** zu anderen Gebieten zeigt und Verwaltungssitze nennt, heißt politische Karte.

Kreise im Bundesland Mecklenburg-Vorpommern

1 Löst folgende Aufgaben.

- Wie viele Landkreise hat Mecklenburg-Vorpommern?
- In welchem Landkreis oder in welcher kreisfreien Stadt wohnst du?
- Wie heißen die kreisfreien Städte?
- Wie heißen die Nachbarkreise, die an deinen Heimatkreis grenzen?
- Welche große Stadt liegt in der Nähe deines Heimatortes?
- Wie heißt der kleinste Landkreis in Mecklenburg-Vorpommern?

Den Aufbau der Karte und die Legende verstehen;
den Heimatkreis auf der Karte finden

S. 12/13

MITMACHEN UND NACHDENKEN

2 Sammelt Bilder von eurem Heimatkreis oder eurer Heimatstadt.

3 Gestaltet eine Bilder-Ausstellung zu eurem Heimatkreis.

4 Zeichne den Umriss deines Kreises auf ein DIN-A4-Blatt. Gestalte eine thematische Karte (siehe Seite 50/51) zu deinem Heimatkreis. Nutze den Heimatatlas und diese Tipps.

Verkehrskarte

Zeichne und benenne:

- Eisenbahnlinie
- Autobahn mit Auffahrt
- Bundesstraße
- Ort

Gewässerkarte

Zeichne und benenne:

- Fluss
- Kanal
- See
- Stausee
- Ort

Landhöhenkarte

Zeichne und benenne:

Höhenschichten

- über 1000 m
- 750 m – 1000 m
- 500 m – 750 m
- 200 m – 500 m
- unter 200 m
- Ort

Landschaftskarte

Zeichne und benenne:

- Wald
- Acker
- Wiesen und Weiden
- Ort

INTERESSANT

Die älteste Karte der Welt ist rund 9 000 Jahre alt. Sie wurde 1963 in der Nähe der Stadt Çatalhöyük (Anatolien/Türkei) in einer Höhle entdeckt. Die Karte zeigt ein drei Meter breites Muster. Es sieht wie ein Stadtplan aus.

Den Umriss des eigenen Kreises zeichnen; eine thematische Karte mit Legendenzeichen entwickeln

AH S.20/21, 53
S. 2/3

Die Wirtschaft des Heimatkreises erkunden

In deinem Ort und deinem Heimatkreis leben viele Menschen.
Hier arbeiten sie und kaufen ein. Sie fahren mit dem Bus oder der Bahn.
Sie besuchen Kinos, Gaststätten oder Sportanlagen.
Es gibt viele Arbeitsstätten: zum Beispiel Industriebetriebe, Betriebe der Handwerker oder Geschäfte und Bauernhöfe. Sie bilden die Wirtschaft deines Heimatkreises.

1 Diskutiert: Was gehört in deinem Heimatort zur Wirtschaft?

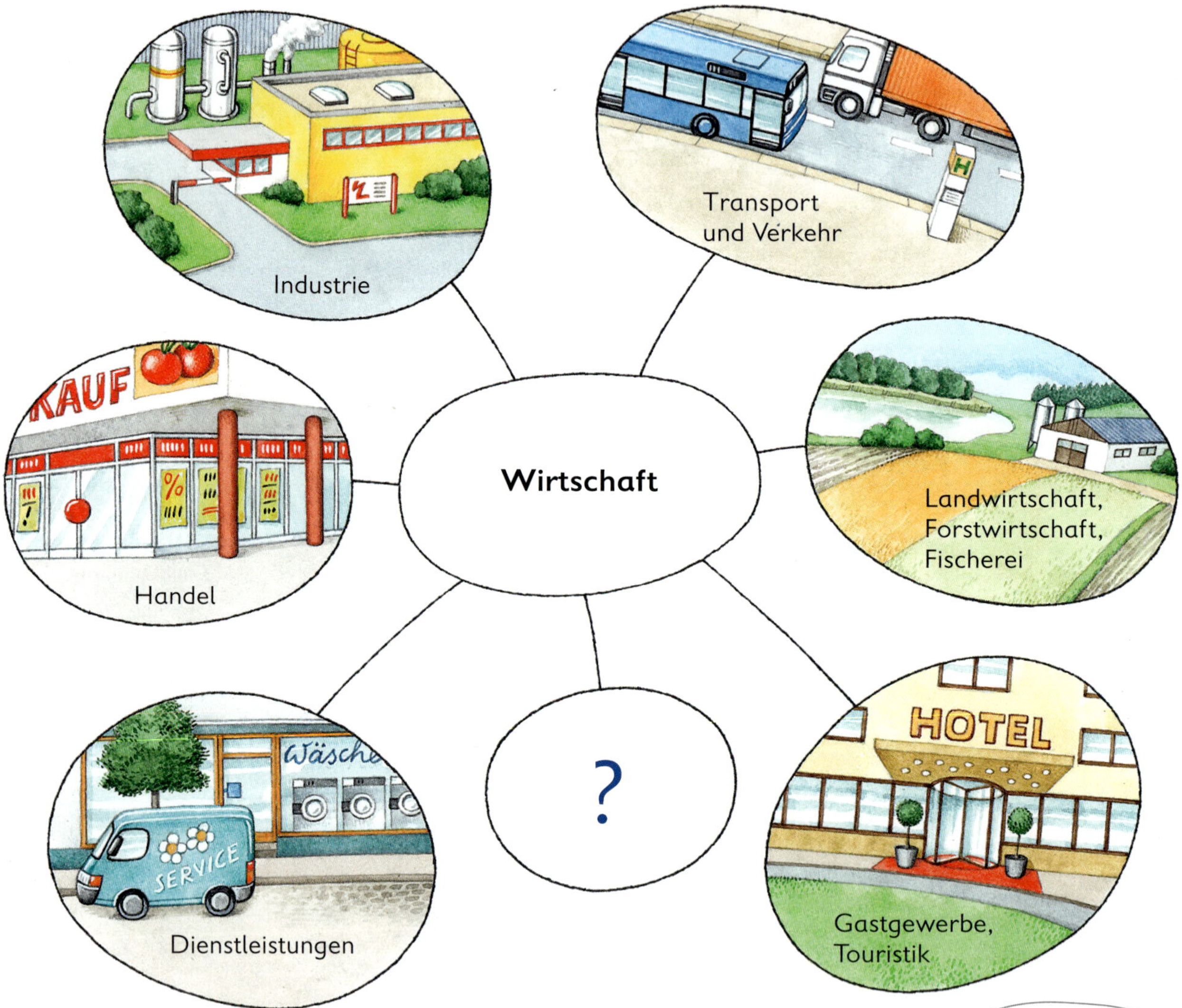

2 Sammelt Informationen über die Wirtschaft eures Heimatkreises.
Stellt folgende Angaben zusammen:
- Name und Adresse verschiedener Betriebe
- Was wird dort hergestellt oder getan?

Einblick in die Wirtschaft des Kreises gewinnen;
typische Wirtschaftszweige benennen

S. 10/11

Die Lage von Betrieben könnt ihr in einer Wirtschaftskarte des Heimatkreises übersichtlich darstellen.

Dazu einige Tipps:

- Nutzt für die Wirtschaftskarte eine Umrisskarte eures Kreises. Zeichnet größere Orte, wichtige Straßen und Flüsse ein.
- Sortiert nach Industrie – Landwirtschaft – Dienstleistung – Touristik.
- Wählt nur die wichtigsten Standorte aus, damit die Karte übersichtlich bleibt.
- Nutzt für die verschiedenen Betriebe unterschiedliche Zeichen. Erklärt sie in der Legende.

Wichtige Betriebe in unserem Kreis

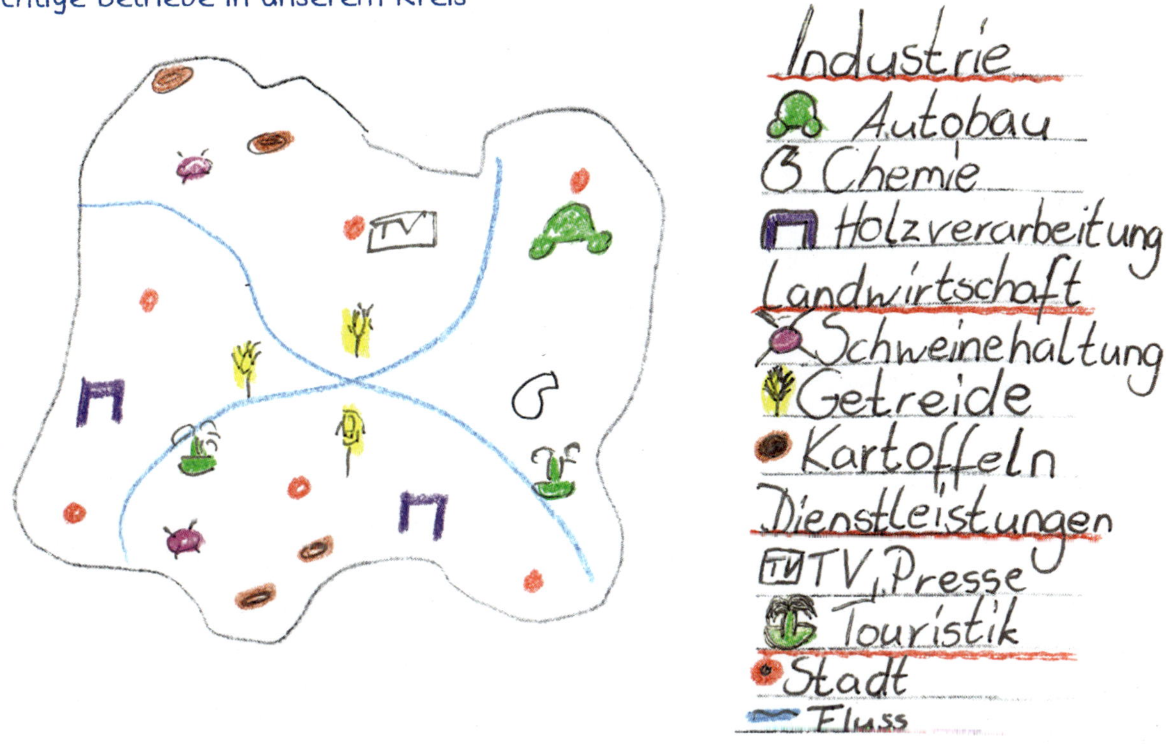

MITMACHEN UND NACHDENKEN

3 Gestaltet gemeinsam eine Karte zur Wirtschaft eures Heimatkreises.

4 Dinge werden auf der Straße, auf der Schiene, durch die Luft oder auf dem Wasser von einem Ort zum anderen Ort transportiert. Welche Autobahnen, großen Straßen oder Flüsse/Kanäle führen durch euren Kreis oder eure Stadt? Schreibe sie auf.

Wo wir wohnen

Wie gut Menschen in einem größeren Gebiet (Region) leben, hängt von vielen Dingen ab:
Welche Arbeitsstätten und öffentlichen Einrichtungen gibt es vor Ort? Wo befinden sich Einkaufsmöglichkeiten?
Welche öffentlichen Verkehrsmittel kann man nutzen?
Auch die Landschaft beeinflusst das Leben der Menschen:
Gibt es Wälder und Seen für die Erholung?
Werden Flächen für die Landwirtschaft genutzt?

1 Lest die Texte in verteilten Rollen vor.
Diskutiert: Warum ist der Wohnort für Simons Familie günstig oder ungünstig?

Simon erzählt:
Ich wohne in einem Dorf in Mecklenburg-Vorpommern. Unser Dorf hat 800 Einwohner. Immer mehr Familien mit kleinen Kindern ziehen von der Stadt hierher. Meine Eltern haben ein kleines altes Bauernhaus ausgebaut. Zur Schule fahre ich mit dem Bus in den Nachbarort.

Unsere Schule ist modern.
Wir haben einen Computerraum und einen großen Schulgarten.
Nach dem Unterricht gehe ich an zwei Tagen in den Sportverein zum Tischtennis. Ich fahre dann mit dem Spätbus nach Hause.

Rings um unser Dorf ist Ackerland.
Mein Vater arbeitet in der Landwirtschaft.
Er fährt jeden Morgen mit dem Fahrrad zur Arbeit. Wir haben im Ort gut ausgebaute Radwege.
Wenn Papa frei hat, kommt er manchmal in die Schule und hilft uns bei der Schulgartenarbeit.

Meine Mama ist Verkäuferin. Weil es in unserem Dorf kein Geschäft mehr gibt, fährt sie jeden Tag mit dem Auto zur Arbeit in die Kreisstadt. Sie sagt: „Ich bin Pendlerin." Das bedeutet, dass sie für den Weg zur Arbeit ein Verkehrsmittel benutzen muss. Abends kommt sie oft spät nach Hause.

Meine Oma wohnt im Harz. Wenn sie uns besucht, fährt sie bis zur Kreisstadt mit dem Zug. Anschließend benutzt sie den Bus bis ins Dorf. Oma möchte gern, dass wir in den Harz umziehen. Dann wäre sie dort nicht mehr so allein.

In unserem Dorf gibt es eine Begegnungsstätte. Dort treffen sich Vereine. Außerdem ist hier ein Heimatmuseum untergebracht. In der Bücherstube kann man Bücher ausleihen. Zwei Räume nutzt die Gemeindeschwester.

INTERESSANT

- Die Landkreise und auch viele Orte haben eine eigene Homepage im Internet.
- Gib den Namen deines Landkreises oder deines Ortes ein. So kannst du viele Auskünfte erhalten, zum Beispiel zur Landschaft, Geschichte, Wirtschaft oder zum Verkehr.
- Oft steht dort auch, welche Veranstaltungen in nächster Zeit stattfinden.

MITMACHEN UND NACHDENKEN

2 Finde Bildunterschriften zu den Fotos.

3 Beschreibe, wo du wohnst.
- Begründe, warum dieser Wohnort für dich und deine Familie ein guter Lebensort ist.
- Was würdest du im Ort gern verändern wollen?

Im Straßenverkehr sicher unterwegs

1 Fahrräder müssen im Straßenverkehr betriebssicher und verkehrssicher sein.
Nenne die Teile, die an einem verkehrssicheren Fahrrad sein müssen.
Prüfe dein Fahrrad.

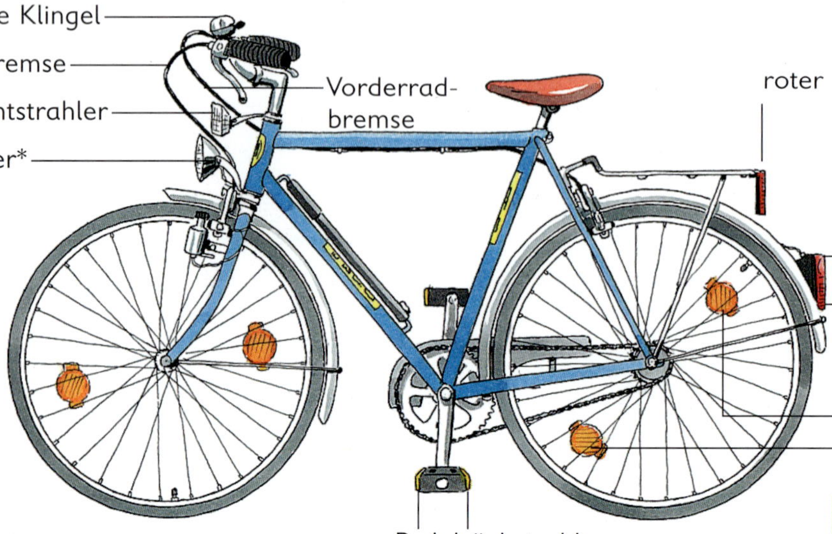

*auch akku- oder batteriebetrieben

Nur wenn alle Teile an deinem Fahrrad funktionieren, ist es auch betriebssicher.

2 Prüfe, ob dein Fahrrad betriebssicher ist.

Ein Fachmann prüft dein Fahrrad genau.

Der Bremshebel darf auch bei starkem Bremsen nicht den Lenkergriff berühren. Er darf sich auch nicht zu leicht bewegen.

Die Kette muss straff gespannt sein, sonst kann sie abspringen.

Die Reifen fest aufpumpen. Sie müssen genug Profil haben.

Nie ohne Helm!

Sattel und Lenker sind richtig eingestellt, wenn deine Füße beim Absteigen den Boden gerade noch berühren.
Alle Schrauben müssen fest angezogen sein.

Ein verkehrs- und betriebssicheres Fahrrad beschreiben;
das eigene Fahrrad überprüfen können (Fahrrad-TÜV); auf richtige Sitzposition achten

AH S.26/27

Weißt du es?

A Mit der Klingel bemerkbar machen und zügig durchfahren.

B Anhalten und einen Fuß auf den Boden stellen.

C Langsam vorbeifahren.

A Auf dem Gehweg warten, bis das Fahrzeug mit Sondersignal vorbeigefahren ist.

B Schauen, woher das Fahrzeug kommt, dann vorsichtig über die Straße gehen.

C Zügig die Straße überqueren.

A Hier darf ein Radfahrer die Straße nicht überqueren.

B Vom Radweg abbiegen und mit dem Fahrrad über den Fußgängerüberweg fahren.

C Absteigen und das Fahrrad über den Fußgängerüberweg schieben.

A Lasten am Lenker transportieren, dann sind sie immer im Blick.

B In einem Rucksack auf dem Rücken kann nichts verrutschen.

C Fahrradkörbe am Lenker oder auf dem Gepäckträger nutzen.

MITMACHEN UND NACHDENKEN

3 Schätzt die Situationen ein. Welches Verhalten ist richtig?

Rad fahren

1 Mit dem Rad fahren – was muss ich wissen?

Auf der Straße sind Radfahrer und Fußgänger auch Verkehrsteilnehmer. Deshalb müssen sie Verkehrsregeln, Vorschriften und Verkehrszeichen kennen und beachten. So schützen sie sich und andere vor Gefahren.

Die wichtigste Regel für alle:

„Die Teilnahme am Straßenverkehr erfordert ständige Vorsicht und gegenseitige Rücksicht. Wer am Verkehr teilnimmt hat sich so zu verhalten, dass kein anderer geschädigt, gefährdet oder mehr als nach den Umständen unvermeidbar behindert oder belästigt wird."

Diese Regel ist aus der Straßenverkehrsordnung (StVO) §1.

Finde die StVO im Internet.

Achtung, Radfahrer!

- Kinder bis 8 Jahre müssen mit ihrem Fahrrad Gehwege benutzen. Kinder bis 10 Jahre dürfen Gehwege benutzen.
- Radfahrer müssen einzeln hintereinander fahren.
- Die Fußgängerzone ist kein Radweg!
- Radfahrer müssen alle Verkehrszeichen beachten, auch Ampeln und Markierungen auf der Fahrbahn.

Welche Regeln sind noch zu beachten? Erstellt eine Liste.

Wichtige Verkehrszeichen kennen und beachten

Vorschriftzeichen

Radweg

Gemeinsamer Fuß- und Radweg

Getrennter Rad- und Fußweg

Verbot für Radverkehr

Halt. Vorfahrt gewähren!

Gefahrzeichen

Gefahrstelle

Arbeitsstelle

Einseitig verengte Fahrbahn

Unebene Fahrbahn

Fußgänger

Vorschriften, Zeichen und Regeln für Radfahrer und Fußgänger kennen;
Wissen durch Recherche vertiefen

AH S.27, 28/29

2 Mit dem Rad fahren – was muss ich können?

Übt im **Verkehrsgarten** oder in einem anderen sicheren Gelände.
Jede Übung wird bewertet: 😊 😐 ☹

Sicher geradeaus fahren

Zeichnet eine etwa 80 cm breite und etwa 3 m lange Gasse.
Jeder fährt zügig an und bleibt in der Gasse.

Schulterblick

Schaut beim Durchfahren der Gasse nach hinten.
Dort wird ein Schild hochgehalten.
Was steht darauf?

Mit einer Hand fahren

Fahrt durch die Gasse: einmal nur mit der rechten und einmal nur mit der linken Hand am Lenker.

Stark bremsen

Stellt einen Kegel auf.
Fahrt aus 10 m Entfernung darauf zu und bremst mit beiden Bremsen.

Verkehrsregeln sicher anwenden

1 Wähle Aufgaben aus. Forsche nach.

1 Rechts vor links

Eine Regel heißt: „An Kreuzungen und Einmündungen hat Vorfahrt, wer von rechts kommt“, kurz gesagt: „rechts vor links“.

- Wer fährt hier zuerst?

2 Halt. Vorfahrt gewähren!

Wenn Verkehrszeichen die Vorfahrt regeln, ist die Regel „rechts vor links“ aufgehoben: Bei diesem Zeichen müssen Fahrzeuge immer an der Haltelinie anhalten, auch wenn von links und rechts kein Fahrzeug kommt.

- Wann dürfen sie weiterfahren?

3 Fußgängerüberweg

Alle Fahrzeuge müssen vor dem Überweg anhalten, wenn ein Fußgänger den Übergang erkennbar benutzen möchte.

- Was ist zu beachten, wenn du als Radfahrer diesen Übergang benutzt?

4 Vorrang des Gegenverkehrs

Auf dem Bild ist eine Arbeitsstelle zu sehen. Das Zeichen gibt an: Der Gegenverkehr hat Vorrang.

- Wer darf hier zuerst fahren?

5 Wer hat Vorfahrt?

Findet dieses Zeichen an einer Kreuzung. Informiert euch, was es bedeutet.

Verkehrsregeln vertiefen, Fragen beantworten; Verkehrsregeln im Rahmen der Fahrpraxis anwenden; Eigenverantwortung und Verantwortung gegenüber anderen wahrnehmen

AH S. 28/29

Früher und heute

Woher wissen wir, wie es früher war?

Das Foto beschreiben;
Zusammenhänge zwischen der Frage und der unteren Abbildung herstellen

Alte und neue Schulgeschichten

1 Beschreibe die Fotos von der Einschulung. Was hat sich bis heute nicht verändert? Lies die Texte. Vergleiche mit deiner Schulzeit.

Uroma besuchte die Schule von 1929 bis 1937. Sie hatte jeden Tag einen langen Schulweg. Sie musste vom Rand der Stadt ins Zentrum laufen. In der Schule unterrichtete ein Lehrer mehrere Klassen gleichzeitig in einem Raum.

Oma kam 1956 in die erste Klasse. Sie war stolz auf ihren braunen Ranzen, die Schiefertafel zum Schreiben und den Griffelkasten. Oma besuchte die Schule bis zur 10. Klasse und lernte dann Schneiderin.

2 Erkläre den Zeitstrahl.

1925 ••••• 1930 ••••• 1935 ••••• 1940 ••••• 1945 ••••• 1950 ••••• 1955 ••••• 1960 ••••• 1965 •••••

Schreibheft

Fibel

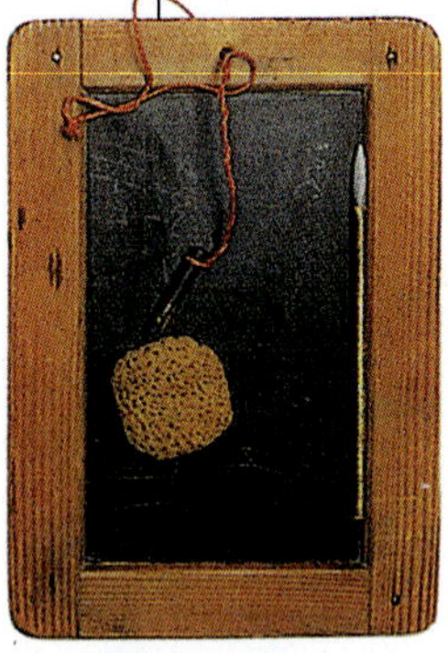

Schiefertafel

Ereignisfolge der Schulgeschichte in einer Familie mithilfe des Zeitstrahls analysieren

Meine Mutter kam 1981 zur Schule.
Viele Kinder ihrer Klasse kannte sie schon aus dem Kindergarten. In den Ferien fuhr sie oft in ein Ferienlager.
Nach zwölf Jahren machte meine Mutter Abitur.

Ich bin Louisa und wurde 2014 eingeschult. Ich konnte schon ein wenig lesen und am Computer schreiben.
Ich gehe gern zur Schule.
Später möchte ich Lehrerin werden.
Meine beste Freundin heißt Clara.

970 ••••• 1975 ••••• 1980 ••••• 1985 ••••• 1990 ••••• 1995 ••••• 2000 ••••• 2005 ••••• 2010 ••••• 2015

Fibel Schulfüller

MITMACHEN UND NACHDENKEN

3 Frage in der Familie nach „Schulgeschichten“.
Fertige dazu einen Zeitstrahl an und beschrifte ihn.

Hobel, Zirkel, Winkelmaß

1 Finde Überschriften für die Textabschnitte.

Das Foto ist etwa 100 Jahre alt. Es zeigt die Familie Baer. In der Mitte steht der Tischlermeister Helmuth Baer. Er hatte vier Söhne. Alle seine Kinder wurden Handwerkermeister: Tischler, Maler, Ofensetzer und Zimmermann.

Und so war es damals:

Drei Jahre lernte Helmuth Baer Tischler. Danach ging er als Geselle auf Wanderschaft, um bei verschiedenen Tischlermeistern seine handwerklichen Fähigkeiten weiterzuentwickeln.

Er war drei Jahre und einen Tag unterwegs.
In dieser Zeit trug er seine „**Zunftkleidung**“.
Helmuth lernte in der Zeit viele neue Arbeitstechniken, aber auch viele unbekannte Orte kennen.
In seinem Wanderbuch standen Name, Beruf und besuchte Orte. Von dieser ereignisreichen Zeit erzählte er später oft in der Familie.

Nach einigen Jahren machte der Geselle Helmuth Baer die Meisterprüfung und arbeitete später mit Lehrlingen und Gesellen in seiner eigenen Werkstatt.
Dort wurde alles gefertigt, was die Kunden wünschten, zum Beispiel Wiegen, Spielzeug oder Schränke.
Die Stühle und den Tisch auf dem Foto hat der Meister selbst getischlert und auch das Schaukelpferd für seinen Sohn Ernst.

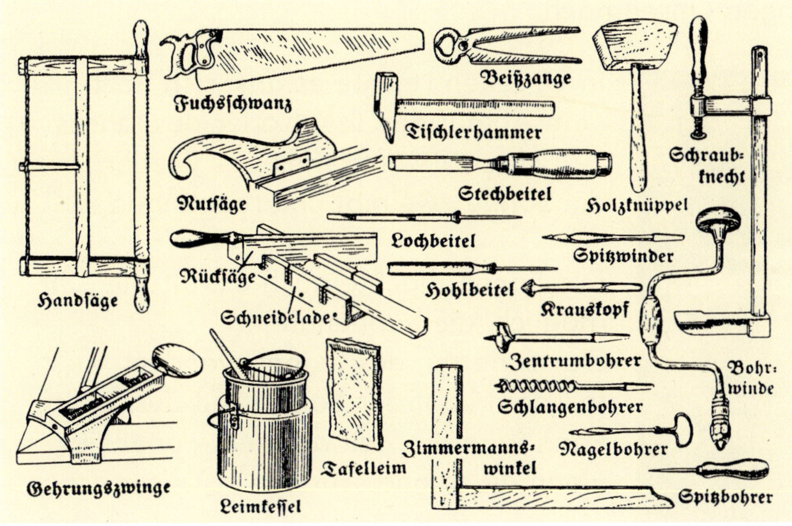

Das alte Zeichen der Tischlerzunft zeigt Hobel, Zirkel und Winkelmaß.

Damals gab es noch keine Maschinen, die die Tischlerarbeit erleichterten.
So wurde die Arbeit mit verschiedenen Werkzeugen und mit der Hand gemacht.
Für Reparaturen an Fenstern und Türen fuhren die Handwerker oft weite Strecken.
Der Arbeitstag war manchmal 12 Stunden lang.
Auch am Samstag wurde gearbeitet.

Lehrlinge und Gesellen wohnten mit im Haus des Meisters. Die Frau des Meisters versorgte nicht nur ihre Kinder, sondern auch die Angestellten.
Ein Dienstmädchen half in Haus und Garten, heizte Öfen, wusch die Wäsche und bereitete das Essen mit vor.
Meist gab es Suppen und Kartoffeln, im Sommer auch frisches Gemüse und Obst.
Die Kinder sammelten Pilze und Beeren.

INTERESSANT

Holz ist ein natürlicher Rohstoff, der nachwächst. Die Bäume müssen lange wachsen, bevor sie geschlagen, also geerntet werden.
Zum Beispiel:
Kiefer 100–120 Jahre
Buche 120–140 Jahre
Eiche 180–300 Jahre

Gefällten Bäumen kann man ihr Alter ansehen: Im Stamm bilden sich durch das Wachstum Jahresringe. Jeder Ring steht für ein Jahr.

MITMACHEN UND NACHDENKEN

2 Vergleiche das alte Handwerkszeug mit heutigem Werkzeug.

3 Vielleicht habt ihr Gelegenheit, eine Tischlerwerkstatt zu besuchen. Überlegt, was ihr fragen und ansehen möchtet.

Die Zeit messen und Uhren bauen

1 Baut nach den Bauanleitungen Uhren nach.

In Urzeiten reichte es aus, sich nach dem Ablauf des Tages oder des Jahres zu richten: „Wir treffen uns wieder, wenn die Sonne zweimal untergegangen ist."

Die Sonne machte auch die älteste Uhr möglich, die Sonnenuhr.
Der Schatten des Stabes wandert mit dem Lauf der Sonne. Auf der Skala kann man die Zeit ablesen – aber nur, wenn die Sonne scheint.

Doch man brauchte Uhren, die genauer und unabhängig vom Tageslicht waren: Man erfand die Wasseruhr, die Sanduhr und die Feueruhr. Später wurde die mechanische, die elektrische und schließlich die Funkuhr entwickelt.

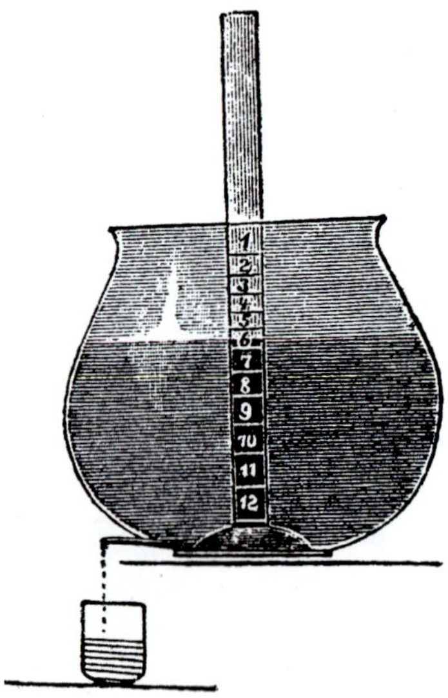

Diese Wasseruhr wurde in früheren Zeiten verwendet. Das Wasser tropft durch ein dünnes Ausgussrohr in ein anderes Gefäß.
Die Wassermenge, die in der oberen Schüssel nach und nach abnimmt, gilt als Maß für die vergangene Zeit.

Eine Wasseruhr bauen

EXPERIMENT

Ihr braucht:
1 festen, großen Jogurtbecher, 1 Glas, Handbohrer, Bindfaden, Wasser, Uhr, wischfesten Stift

Geht so vor:

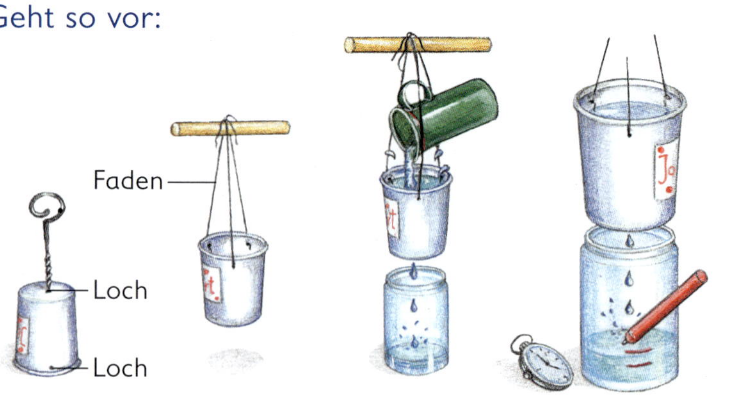

Ein Loch in den Boden und drei in den Becherrand bohren	Bindfäden befestigen, den Becher aufhängen	Glas zum Auffangen des Wassers hinstellen, Wasser eingießen	Alle 5 Minuten den Wasserstand neu markieren

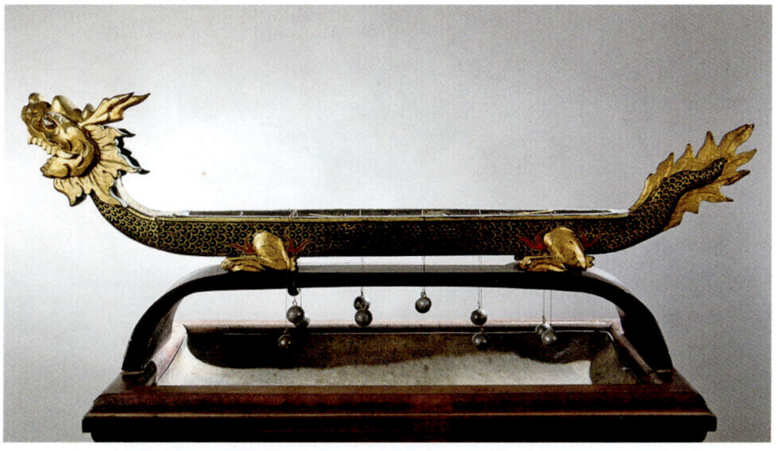

Feueruhren gab es schon vor 3000 Jahren in China.
Auf dem Drachenkörper liegt ein Räucherstäbchen.
Darüber hängen Fäden mit Kugeln.
Brennt das Räucherstäbchen ab, brennen auch die Fäden nacheinander ab.
Ist ein Faden durchgebrannt, fällt die Kugel in die Metallwanne und tönt.
Wie kann die Feuerurh zum Wecker werden?

INTERESSANT

Mit der Funkuhr kann sich heute jeder die genaue Zeit ins Haus holen.
Heute ist die Zeit auf der ganzen Welt einheitlich abgestimmt.

EXPERIMENT

Eine Sanduhr bauen

Ihr braucht:
2 Marmeladengläser, Kleber für Metall, dünnen Nagel, Hammer, Vogelsand, Uhr, wischfesten Stift

Geht so vor:

Beide Deckel zusammenkleben

In der Mitte ein Loch einschlagen

Glas mit Sand füllen. Gläser zusammenschrauben

Alle 5 Minuten die Sandhöhe markieren

MITMACHEN UND NACHDENKEN

2 Die Sanduhr ist ein Zeitmesser.
Beschreibt sie.
Wie funktioniert sie?

3 Uhren haben viele Namen: Stoppuhr, Kuckucksuhr …
Sammelt Namen von Uhren.
Wer findet die meisten?

S. 7

Historische Quellen

1 Wähle Aufgaben aus. Forsche nach.

1 Zeitstrahl

Gestalte einen Zeitstrahl mit eigenen Bildern.

2 Interview

Führe mit deiner Oma oder deinem Opa ein Interview zu einem Ereignis aus der Geschichte ihres Ortes.

3 Haushaltsgegenstände

Erforsche: Welches ist der älteste Gegenstand in eurem Haushalt?

4 Denkmal

Fotografiere ein altes Denkmal. Erkunde, warum es erbaut wurde.

5 Pausenspiele

Suche im Internet nach alten Spielen. Spielt in den Pausen einige der Spiele.

Die Vielfalt historischer Quellen kennenlernen;
erkennen, dass auch die eigene Familie historische Quellen besitzt

Im Frühling

Das Foto beschreiben;
Zusammenhänge zwischen der Frage und der unteren Abbildung herstellen

Die Wiese – ein Haus mit vielen Bewohnern

1 Wer wohnt in welchem **Stockwerk der Wiese**?

Pflanzen bilden die Stockwerke

Obergeschoss: Blüten größerer Pflanzen

Mittelgeschoss: kleine Pflanzen

Erdgeschoss: niedrige Pflanzen

Keller: Wurzeln

Alles hängt miteinander zusammen:

1 Die Pflanzen bekommen aus dem Boden Wasser und Nährstoffe.

2 Die Kreuzspinne fängt Insekten.

3 Das Tagpfauenauge ernährt sich vom Nektar der Wiesenblumen.

4 Die Raupen des Tagpfauenauges fressen die Blätter der Brennnessel.

5 Der Regenwurm frisst abgestorbene Wurzeln.

6 Der Igel frisst Regenwürmer und …

Ein Bewohner der Wiese

Der Regenwurm wohnt im „Keller“ der Wiese. Er frisst sich durch den Boden. So entstehen lange Gänge. Dadurch wird der Boden aufgelockert und durchlüftet. Das ist gut für die Pflanzen.
Der Regenwurm ernährt sich von alten Blättern und abgestorbenen Wurzeln. Sein Kot enthält viele Nährstoffe für Pflanzen.
Woher sein Name kommt, ist unklar.
Die einen sagen, weil wir bei Regen viele Regenwürmer an der Erdoberfläche sehen. Andere meinen, weil man den Regenwurm in früherer Zeit den „regen Wurm“ nannte.

EXPERIMENT

Regenwürmer im Boden

- Schichtet dunkle und helle Erde in ein Glas. Legt Laub- oder Salatblätter obenauf. Gebt einige Regenwürmer hinein. Haltet die Erde etwas feucht.
- Stellt das Glas in einen Karton mit Luftlöchern. So sind die Würmer im Dunkeln – wie im Boden.
- Schreibt eure Beobachtungen auf.
- Bringt die Regenwürmer nach einer Woche wieder ins Freie.

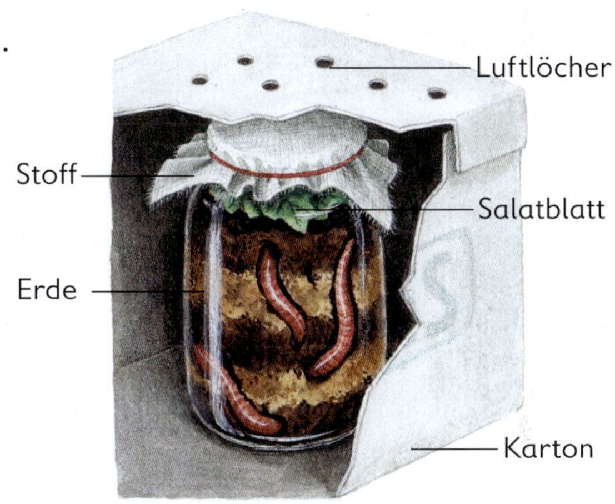

INTERESSANT

- In Deutschland gibt es über 40 verschiedene Arten von Regenwürmern.
- Jeder Regenwurm kann täglich mengenmäßig die Hälfte seines Gewichts fressen.
- Regenwürmer können bis zu acht Jahre alt werden.

Unter einem Stück Wiese, das 1 Meter mal 1 Meter groß ist, können etwa 500 Regenwürmer leben.

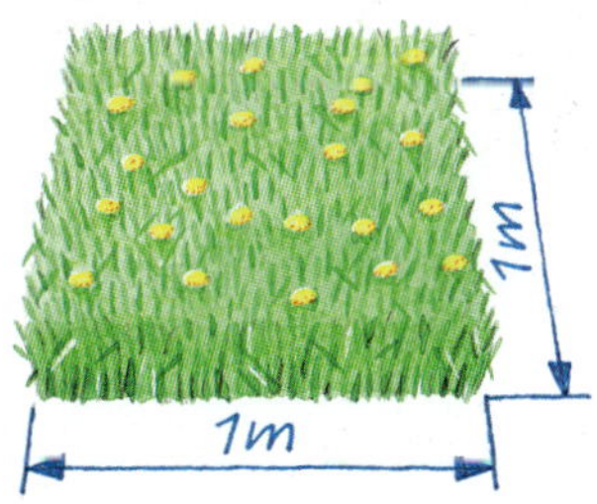

MITMACHEN UND NACHDENKEN

2 Gestaltet ein Regenwurm-Plakat.

3 Erkläre: Warum sind Regenwürmer gut für den Boden?

Wiesenpflanzen kennenlernen

1 Im Schulgarten könnt ihr ein Stück Wiese anlegen.
Informiert euch, welche Arbeitsschritte notwendig sind.

Es gibt feuchte, trockene, nährstoffreiche und nährstoffarme Böden. Auf diesen Böden wachsen unterschiedliche **Wiesenarten**. Auf einigen wachsen viele blühende Pflanzen. Im Frühjahr blühen zum Beispiel Löwenzahn und Margerite. Im Sommer entfalten Nelke, Storchschnabel, Wiesen-Glockenblume und Klee ihre Blüten, etwas später dann Engelwurz und Gilbweiderich. Auf den Wiesen wachsen auch verschiedene Gräser. Wiesen sind ein Lebensraum für viele Tiere. Wiesen werden meist zweimal im Jahr gemäht.

LEICHTER LERNEN

Beispiele finden

Suche zu einem Thema, zum Beispiel „Wiesenpflanzen“, Bilder und Texte. Dann bleibt der Inhalt besser in Erinnerung.

Rotklee

Wiesen-Glockenblume

Storchschnabel

Gilbweiderich

Margerite

Löwenzahn

Engelwurz

Kuckucks-Lichtnelke

Wiesenpflanzen unterscheiden, deren Namen nennen; Artenkenntnisse erweitern

S. 2/3

Wiesenpflanzen bestimmen

Die Namen unbekannter Wiesenpflanzen kannst du mit einem **Bestimmungsbuch** für Pflanzen herausbekommen.

- Wähle ein Bestimmungsbuch, das die Pflanzen nach Lebensräumen ordnet.
- Schlage den Abschnitt „Wiese" auf.
- Vergleiche die abgebildete Pflanze genau mit der, die du gerade siehst.
- Hast du sie gefunden, lies dazu die Beschreibung.
- Merke dir den Namen.

Wenn du meinst, den Namen der Pflanze zu kennen, dann sieh im Wörterverzeichnis des Bestimmungsbuches nach.

- Schlage die angegebene Seite auf.
- Stimmt deine Vermutung?

Wiesenpflanzen sammeln

Du kannst Pflanzen sammeln und **herbarisieren**. Gehe so vor:

MITMACHEN UND NACHDENKEN

2 Finde eine schöne Pflanze auf der Wiese. Herbarisiere sie.

3 Sammelt Bilder von Wiesenpflanzen. Schreibt kurze Texte dazu und gestaltet ein Lapbook.

4 Erforscht, warum das Mähen der Wiese nicht schadet.

Wiesenpflanzen mit Tiernamen

1 Wähle Aufgaben aus. Forsche nach.

1 Mein Name: Löwenzahn

Erkläre:
Woher hat
der Löwenzahn
seinen Namen?

2 Mein Name: Wiesen-Storchschnabel

Male auf ein Blatt:
den Schnabel eines Storches und
den Schnabel des Wiesen-Storchschnabels.
Was fällt dir auf?

3 Bildersuche

Suche im Internet Bilder zu diesen Pflanzen.
Lies vor, wie die Pflanzen ihren Namen bekommen haben.

Pflanze	Herkunft des Namens
Hahnenfuß	Die Laubblätter sehen aus wie die Zehen eines Hahnes.
Gänseblümchen	Die Blüten sind weiß – wie die Federn einer weißen Gans.
Kuckucks-Lichtnelke	Die Pflanze blüht im Mai/Juni, dann ruft auch der Kuckuck.
Natternkopf	Aus der Blüte ragt ein „Griffel", der sich am Ende wie die Zunge einer Schlange spaltet. 
Ochsenauge	Die Form und die Farbe der Blüte erinnern an die Augen eines Ochsen.

Pflanzen im Biotop Wiese unterscheiden; Pflanzen nach einfachen Merkmalen bestimmen; Artenkenntnisse erweitern

AH S.38/39

Der Natur auf der Spur

Wie kommt Wasser in der Natur vor?

Wasser überall

1 Betrachtet die Bilder vom Wasser. Stellt Fragen und sucht Antworten:
- Was hat ein Glas Milch mit Wasser zu tun?
- Warum sind auch Früchte auf dem Bild?
- Was erzählt ein runder Stein vom Wasser?

Wasser verändert sich in der Natur wie kein anderer Stoff.
Wasser kann flüssig sein. Es fließt als schmaler Bach oder breiter Fluss durch das Land.
Es rollt in großen Wellen an das Ufer.

Wasser kann fest sein. Kälte formt Wasser zu Eiskugeln oder Schnee.

Wasser kann gasförmig sein. An einer eiskalten Flasche sammeln sich in einem warmen Raum schnell Tropfen. Dieses Wasser kommt aus der Luft.

Beispiele für Wasser in der Umwelt finden;
Zustandsformen des Wassers in der Natur benennen

S. 7

Wasser verwandelt sich

EXPERIMENT

Ihr braucht: Kühlschrank, Eiswürfel-Behälter, Wasserflasche, Teller, Wasser

Geht so vor:

1 Stellt im Eisfach aus Wasser Eiswürfel her.

2 Legt fünf Eiswürfel auf einen Teller. Seht nach drei Stunden nach.

3 Stellt den Teller in die Sonne. Seht nach drei Tagen wieder nach.

4 Stellt eine kalte Flasche auf den Tisch. Hebt sie nach zwei Minuten hoch.

Vermutet: Was passiert? Begründet eure Vermutung.

1 Im Eisfach erstarrt das Wasser unter 0 °C zu Eiswürfeln. Das Wasser ist jetzt fest.

2 Über 0 °C schmelzen die Eiswürfel wieder zu Wasser. Das Wasser ist flüssig.

3 Nach drei Tagen ist das Wasser durch die Sonne verdampft. Es ist unsichtbarer Wasserdampf in der Luft. Der Wasserdampf ist gasförmig.

4 An der Flasche kühlt sich der gasförmige Wasserdampf aus der Luft ab. Er kondensiert. Das heißt, er wird wieder Wasser. Deshalb wird die Flasche feucht.

MITMACHEN UND NACHDENKEN

2 Führt das Experiment durch und schreibt ein Versuchsprotokoll.

3 Erkläre das Schaubild.

4 Erkundet: Was passiert, wenn Wasser kocht?

Wasser verändert sich

S. 7

Der Kreislauf des Wassers

1 Beschreibe die Wege des Wassers auf unserer Erde.

In den Wolken fliegen die Wassertröpfchen oder Eisteilchen hin und her. Sie stoßen aneinander, verbinden sich und werden immer schwerer. Sie fallen als Niederschlag aus den Wolken.

Ist die Luft trocken, verdunsten viele Tropfen gleich wieder.

Ist die Luft feucht, fällt Regen.

Ist die Luft sehr kalt, fällt Schnee.

Dort, wo das Wasser einen Weg nach außen findet, tritt es als **Quelle** wieder hervor.

Teile des Niederschlags versickern langsam im Boden.

Feste Bodenschichten lassen kein Wasser hindurch. Das Wasser sammelt sich darüber als **Grundwasser**.

INTERESSANT

Das meiste Wasser ist in den **Weltmeeren**. Nur ein geringer Teil verteilt sich auf Flüsse, Seen, Gletscher, Eismassen und den Wasserdampf in der Luft.

MITMACHEN UND NACHDENKEN

2 Zum Wasserkreislauf hat James Krüss das Gedicht „Das Wasser“ geschrieben. Findet es im Internet und malt ein Bild dazu.

Brennen und löschen

1 Damit ein Feuer brennt, müssen drei Bedingungen erfüllt sein. Erkläre die Abbildung.

Es muss **Brennstoff** vorhanden sein, zum Beispiel Holz oder das Wachs einer Kerze.

Der Brennstoff muss erhitzt werden, bis er Feuer fängt. Holz muss zum Beispiel auf eine Temperatur von 300 °C heiß gemacht werden. Das kann durch ein Streichholz geschehen.

Entzündungstemp.

Flammen entstehen nur, wenn Sauerstoff in der Umgebung ist. Sauerstoff ist in der Luft enthalten.

Ein Feuer löscht man, indem man eine der Bedingungen beseitigt.

1 Papier brennt

Brennendes Papier kann mit Wasser gelöscht werden. Das setzt die Entzündungstemperatur herab.

2 Kaminfeuer brennt

Ein Feuer im Kamin geht aus, wenn kein Brennholz nachgelegt wird. So wird dem Feuer der Brennstoff entzogen.

3 Öl brennt

Brennendes Öl in einer Pfanne wird gelöscht, indem man einen Topfdeckel darauflegt. Dadurch wird dem Feuer der Sauerstoff entzogen.

Ursachen für das Entstehen von Feuer kennen;
Beispiele für das Löschen eines Feuers kennenlernen

S. 2/3

Es brennt – die Feuerwehr hilft

Die Feuerwehr hat vier Aufgaben:
Retten, Löschen, Bergen, Schützen.

Wenn die Feuerwehrleute zu einem Einsatz kommen, schauen sie sich das Feuer zuerst genau an.
Sie überlegen sich, wie sie es am besten bekämpfen.
Sie entscheiden, womit sie löschen: mit Wasser, Löschschaum oder Löschpulver?

Richtiges Verhalten bei einem Brand kann Leben retten.
Wer einen Brand entdeckt, muss diese Reihenfolge einhalten:
Alarmieren – Retten – Löschen.

LEICHTER LERNEN

Sich Bilder vorstellen

- Lies den Text.
- Stelle dir die Geschichte in Bildern vor.
- Erzähle, was du dir vorgestellt hast.

Alarmieren

Bei der Meldung eines Brandes geht so vor:

- 112 wählen und den eigenen Namen sagen
- Meldung:
  1. Wo brennt es?
  2. Was ist passiert?
  3. Wie viele Verletzte gibt es?
  4. Welche Verletzungen haben die Leute?
  5. Warten auf Rückfragen
- Andere Personen, die der Brand gefährdet, warnen (zum Beispiel Leute in höheren Stockwerken).

Retten

- Bei einem Brand gilt: Fenster schließen, Raum verlassen, Türen schließen.

- Ein brennendes Gebäude sofort über die Fluchtwege verlassen. Diese Wege sind oft durch Symbole gekennzeichnet. Nie den Aufzug benutzen!

- Sind das Treppenhaus und der Flur voller Rauch, soll man im Zimmer bleiben, die Türen abdichten und am geöffneten Fenster auf Hilfe warten.

Löschen

- Einen kleinen Brand kann man eindämmen, zum Beispiel mit Decken, feuchten Tüchern oder einem Handfeuerlöscher.

- Begib dich beim Löschen nicht in Gefahr!

MITMACHEN UND NACHDENKEN

2 Übt im Rollenspiel, wie man einen Brand meldet.

3 Begründet die Reihenfolge „Alarmieren – Retten – Löschen“.

4 Erforscht, welche Aufgaben die Jugendfeuerwehr hat.

Feuer – in aller Welt entfacht und genutzt

1 Sammelt Feuerbilder aus aller Welt. Schreibt Texte dazu.

Vor vielen Jahrtausenden begannen die Menschen, das Feuer selbst zu entzünden und zu beherrschen. Bis heute sind Menschen vom Feuer abhängig. Überall auf der Welt wird es entfacht und vielfältig genutzt.

Ungarn
Über einer kleinen Feuerstelle hängt ein Bogratsch-Kessel. In ihm wird der beliebte Kesselgulasch (ungarisch: Bogrács Gulyás) zubereitet.

China
In Stahlwerken wird im Feuer der Hochöfen aus Eisenerz Roheisen gewonnen. Aus dem Roheisen wird dann Stahl produziert.

Jamaika
In der Jerk-Tonne liegt glimmendes Holz der **Guave**. Darüber wird Hähnchenfleisch gegrillt und später mit scharfen Soßen serviert.

Indien
Während der Hochzeit wird für die Brautleute ein heiliges Feuer entzündet. Sie geloben sich dabei Liebe, Treue und gemeinsame Sorge für ihre Kinder.

Bedeutung des Feuers im Leben der Menschen beschreiben;
Nutzen von Feuer in verschiedenen Kulturen vergleichen

Mongolei

In der Jurte, dem Wohnzelt umherziehender Viehhirten, steht ein Herd.
Er wird mit getrocknetem Dung, Holz und trockenen Pflanzenteilen beheizt.

Namibia

Viele San (Buschmänner) zünden Feuer noch auf ursprüngliche Weise an: Ein Feuerquirl wird so lange hin- und hergedreht, bis der Zunder (Brennstoff) zu glimmen beginnt.

Deutschland

In der Vorweihnachtszeit werden Kerzen auf einem Adventskranz entzündet. Seit etwa 150 Jahren wird der Kranz aus Tannengrün gefertigt. Ist das Grün ausgetrocknet, kann es leicht Feuer fangen.

INTERESSANT

- In jedem privaten Haushalt sollte ein Feuerlöscher stehen.
- Es eignen sich Pulverlöscher und Schaumlöscher.
- Beide Löscher ersticken das Feuer. Dadurch wird dem Feuer Sauerstoff entzogen. Außerdem wird der Brand gekühlt.
- Jeder, der einen Feuerlöscher einsetzt, muss genau wissen, welche Brände mit welchem Feuerlöscher gelöscht werden können.
- Feuerlöscher müssen alle zwei Jahre überprüft werden, ob sie noch funktionieren.

MITMACHEN UND NACHDENKEN

2 Besprecht das richtige Verhalten im Alarmfall in der Schule.

3 Informiere dich, wie ein Schaumfeuerlöscher funktioniert.

4 Feuer kann großen Schaden anrichten. Forscht unter www.fragFINN.de, Stichwort „Feuerkatastrophen“ nach.

Experimente zu Wasser und Feuer

1 Wähle eine Aufgabe aus. Forsche nach.
Schreibe zu einem Experiment ein Protokoll.

1 Wasser als Lösungsmittel

EXPERIMENT

Ihr braucht:

Geht so vor:

Rührt je eine Probe in kaltes Wasser ein.

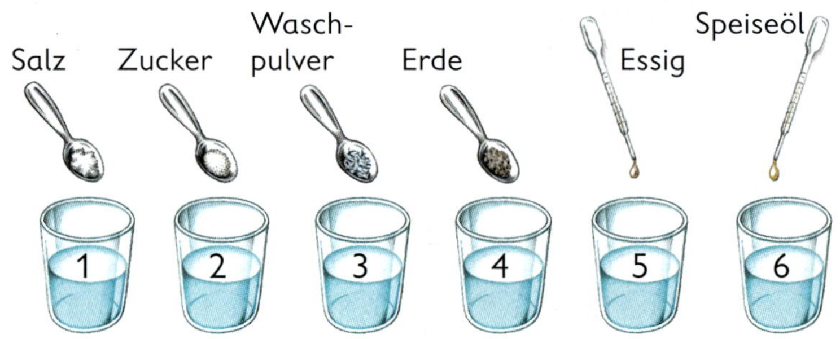

Legt eine Tabelle an.

	Vermutung	
Stoff	löst sich	löst sich nicht
Salz	X	
Zucker		

	Beobachtung	
Stoff	löst sich	löst sich nicht
Salz	X	
Zucker		

2 Ein Teelicht löschen

EXPERIMENT

Ihr braucht:

- 2 Teelichter
- 2 Porzellanteller
- ein feuerfestes Glas
- Streichhölzer

Geht so vor:

Zündet die Teelichter an.

Stülpt das Glas über ein Teelicht.

Von Tieren, Pflanzen und Menschen

Warum ist der Feldhamster selten geworden?

Tiere und Pflanzen auf dem Getreidefeld

1 Beschreibt den Hamsterbau.

Wer macht den Hamstern das Leben schwer?

Feldhamster sind typische Bodenbewohner.
Zur Nahrung des Hamsters zählen Körner- und Hülsenfrüchte, Klee, Kartoffeln, Rüben und Mais.
Lange Zeit wurde der Feldhamster als **Schädling** bekämpft.
Heute gehört er zu den bedrohten Wildtieren in Deutschland.

Warum ist der Hamster selten geworden?

- Mähdrescher lassen kaum Körner auf dem Feld zurück. Den Hamstern fehlt die Nahrung.
- Die Bewässerung der Felder setzt Hamsterbaue unter Wasser.
- Tiefes Pflügen zerstört die Baue und tötet die Junghamster.
- Abgeerntete Felder bieten nach der Ernte Hamstern kaum noch Deckung vor ihren Feinden.

Wie kann der Hamster geschützt werden?

- Am Rand des Feldes einen Streifen Getreide als Nahrung und zum Schutz stehen lassen.
- Erbsen, Ackerbohnen und Luzerne als Nahrung aussäen.
- Den Boden sanft bearbeiten, damit die Baue nicht zerstört werden.
- Pflanzen aussäen, die den Tieren Deckung bieten.

INTERESSANT

Auf der Erde sind etwa 1,7 Millionen Tierarten und 300 000 Pflanzenarten bekannt.
Jedes Jahr sterben etwa 150 Arten aus.
Mit jeder ausgestorbenen Art verändert sich langsam das Leben auf der Erde.
Ein Beispiel: Was wäre, wenn die Pflanzen nicht mehr durch Insekten besucht werden? Es bilden sich keine Früchte, es gibt keine Samen, es wachsen keine neuen Pflanzen.

Am Beispiel Feldhamster Lebensbedingungen von Tieren und ihre wechselseitige Abhängigkeit im Biotop kennenlernen, sich mit Gefährdungen eines Biotops auseinandersetzen

Die Kornrade ist ein **Wildkraut**. Früher war sie auf fast allen Getreidefeldern zu finden. Aber heute ist sie in Mecklenburg-Vorpommern fast ausgerottet.

Warum ist die Kornrade selten geworden?

- Die Kornrade wurde in Getreidefeldern als **Unkraut** bekämpft.
- Das Saatgut, das heute in die Erde kommt, ist von Samen anderer Pflanzen gereinigt.
- Der Bau von Straßen, Betrieben und Häusern verdrängt die Pflanze.

Wie kann die Kornrade geschützt werden?

Heute werden Schutzäcker für Wildkräuter angelegt. Hier bauen die Landwirte das Getreide auf besondere Weise an:

- Es werden weniger Getreidesamen pro Fläche ausgesät. Die Samen werden in größerem Abstand ausgesät, zum Beispiel im doppelten Reihenabstand.
- Unkraut wird nicht bekämpft.
- Es wird weniger Dünger verwendet.

LEICHTER LERNEN

Texte zusammenfassen

- Lies den Text.
- Fasse wichtige Aussagen in Stichworten zusammen. Die Stichworte kannst du dir leichter merken.
- Du kannst auch einen Spickzettel schreiben.

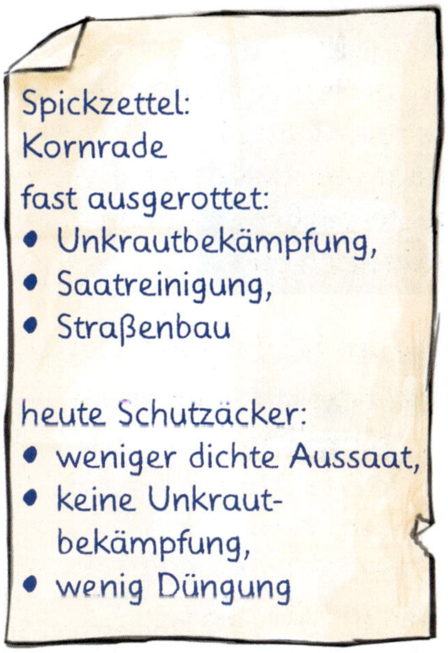

MITMACHEN UND NACHDENKEN

2 Wie werden Hamster und Kornrade heute geschützt?

3 Schreibe einen Steckbrief zu einem geschützten Tier oder einer geschützten Pflanze des Feldes.

Wie vermehren sich Pflanzen? – Gruppenarbeit

1 Viele Pflanzen vermehren sich durch Samen.
Holt euch hier Ideen.

LEICHTER LERNEN

Arbeitsschritte

- Fragen zum Thema sammeln
- einen Arbeitsplan erstellen
- Material sammeln
- Aufgaben in Gruppen bearbeiten und kontrollieren
- Ergebnisse präsentieren und auswerten

Gruppe 1
Wie verschiedene Samen aussehen

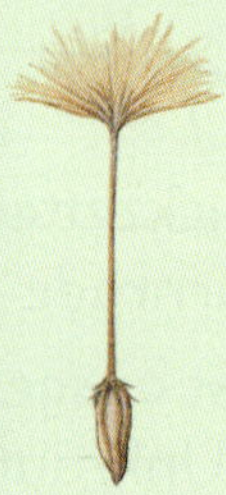

Löwenzahn-Samen

Radieschen-Samen

Gruppe 2
Wo sich Samen befinden

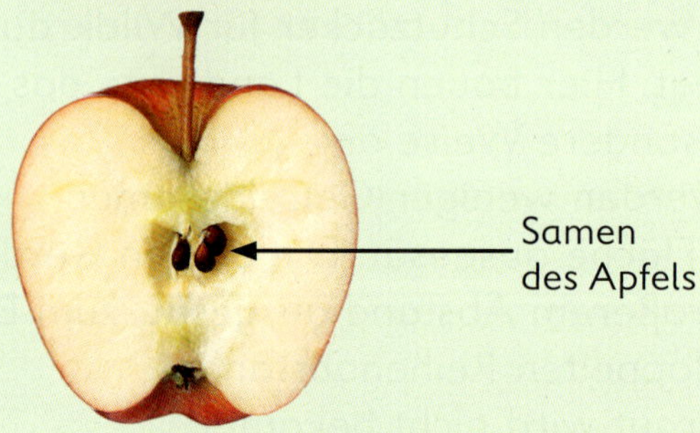

Gruppe 3
Wie sich Pflanzen durch Samen verbreiten

Der Wind verbreitet Samen.

Auch Tiere verbreiten Samen.

Löwenzahn: Samen fliegen an Fallschirmen.

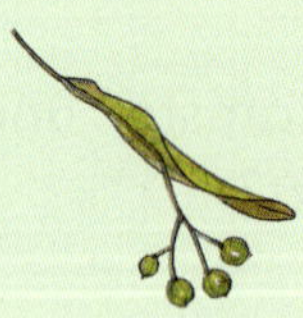

Linde: Samen fliegen an Propellern.

Klatschmohn: Samen streuen aus Kapseln.

Kletten haften am Fell des Fuchses.

Eichhörnchen verstecken Haselnüsse.

Amseln fressen Beeren und scheiden die Samen aus.

Gruppe 4
Pflanzen brauchen Zeit bis zur Samenreife

Die Sonnenblume ist eine einjährige Pflanze.

Frühling

Sommer

Herbst

Winter

Einjährige Pflanzen entwickeln sich innerhalb eines Jahres.
Wir säen sie im Frühling aus. Sie blühen von Sommer bis Herbst.
Im Herbst bilden sie neue Samen und sterben dann ab.
Sie überdauern den Winter als Samenkörner.

Gruppe 5
Teile von Pflanzen wachsen zu neuen Pflanzen heran

Grünlilie:
Ableger
einpflanzen

Erdbeere:
Ausläufer
einpflanzen

Buntnessel:
Blatt in Wasser
bewurzeln lassen,
dann einpflanzen

Korkenzieher-Weide:
Zweig in Wasser
bewurzeln lassen,
dann einpflanzen

Bogenhanf:
Die Pflanze mit
einem Messer teilen,
einpflanzen

MITMACHEN UND NACHDENKEN

2 Probiert aus: Samen aussäen, Ableger einpflanzen, Blattstecklinge einsetzen.

3 Erkundigt euch, wie man Kartoffeln vermehren kann.

Alles hängt zusammen – aber wie?

1 Betrachtet das Bild.
Erklärt, wie alles zusammenhängt.

Wiesenpflanzen 1 und Kartoffelpflanzen 2 brauchen zum Leben Licht, Wasser, Luft und Boden. Kühe 3 fressen Wiesenpflanzen und trinken Wasser. Ihre Milch wird in Molkereien 4 verarbeitet. Menschen trinken Milch und essen Milchprodukte. Kartoffeln 5 werden angebaut, im Herbst geerntet und eingelagert. Ein Teil wird in Betrieben 6 verarbeitet, ein Teil dient als Schweinefutter 7 . Die Menschen essen Kartoffeln.

S. 14/15

Pflanzen und das Fleisch von Tieren werden in Betrieben 8 zu weiteren Lebensmitteln verarbeitet. Die Menschen kaufen Lebensmittel in Einkaufsmärkten 9 und essen sie 10. Sie trinken auch Wasser.

MITMACHEN UND NACHDENKEN

2 Legt eine Tabelle an:

Lebensmittel	von Tieren	von Pflanzen

3 Stellt einen Zusammenhang zwischen Pflanze, Tier und Mensch in einem Bild dar. Beschriftet euer Bild.

Die Umwelt wirkt auf Pflanzen

1 Betrachtet das Schaubild. Forscht nach.

1 Umwelteinflüsse auf eine Sonnenblume

Ihr habt eine kleine Pflanze eingepflanzt
oder Samen ausgesät –
nun soll die Pflanze gut wachsen.
Vieles aus ihrer Umwelt wirkt beim Wachsen auf sie ein.

Was braucht die Sonnenblume zum Leben und was schädigt sie?

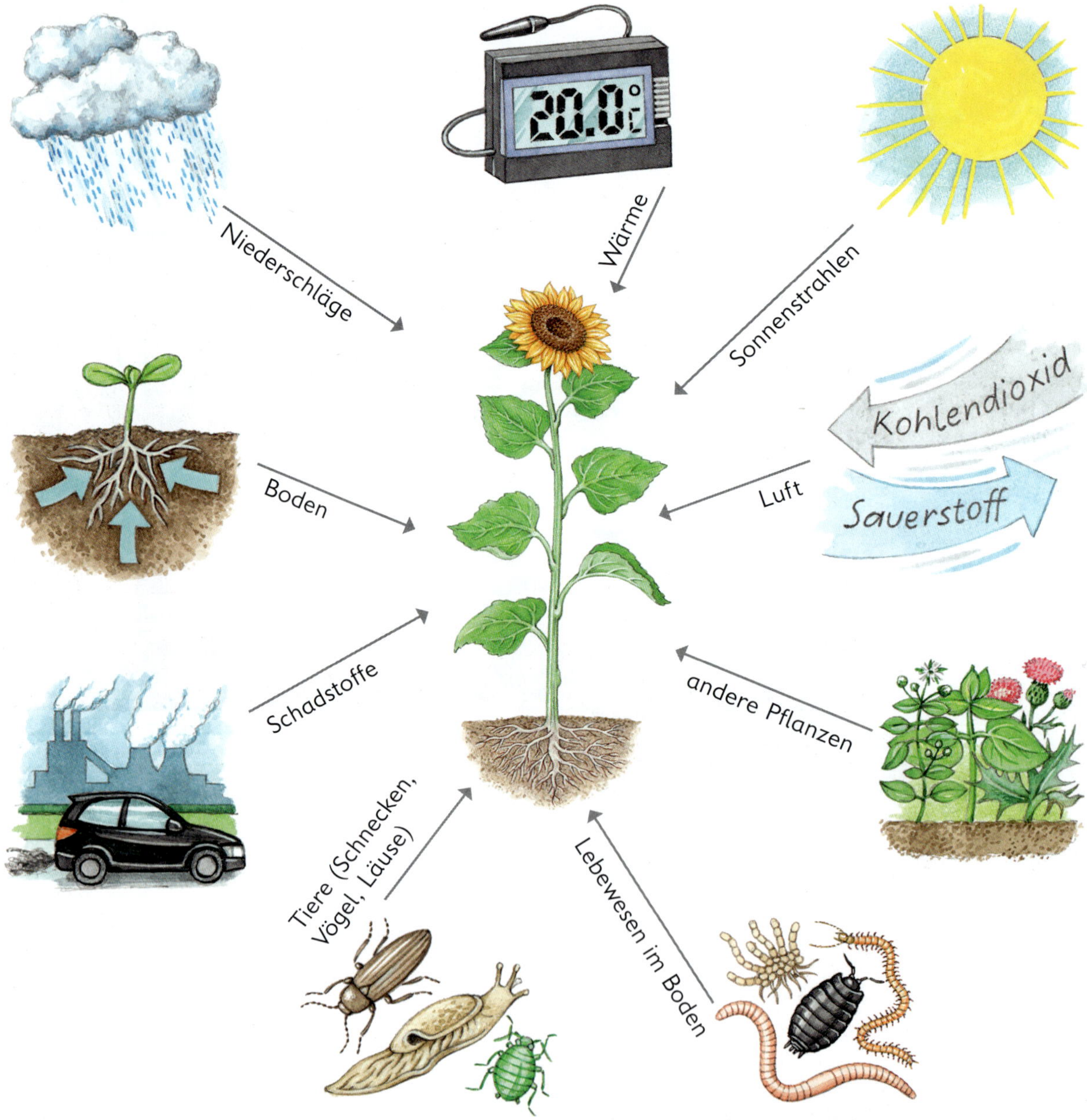

Im Sommer

Was wird aus Getreide hergestellt?

Das Foto beschreiben;
Zusammenhänge zwischen der Frage und der unteren Abbildung herstellen

Im Sommer reift das Korn

1 Erkläre das Schema.

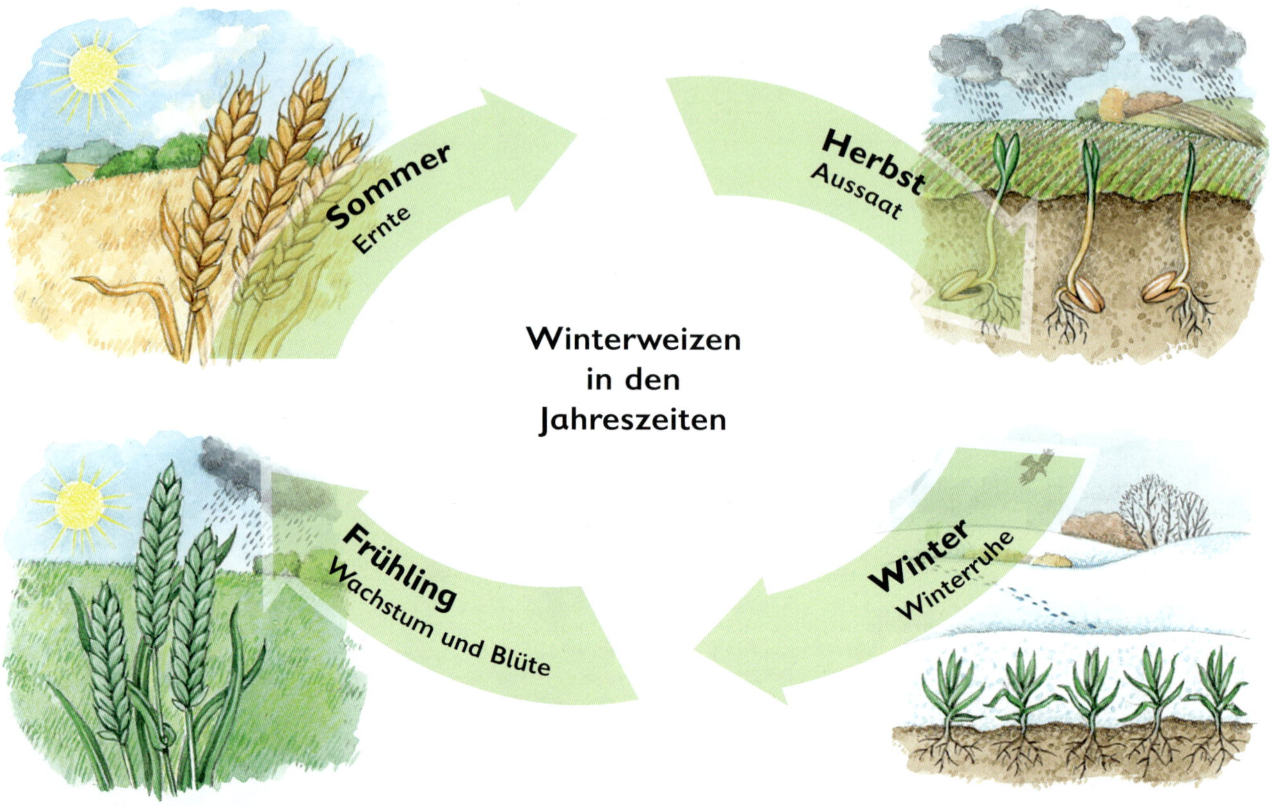

Weizen ist eine Getreidepflanze.
Man unterscheidet Sommer- und Winterweizen.

Sommerweizen wird ab Ende März ausgesät
und im Juli geerntet.

Winterweizen kommt im Herbst in den Boden.
Die Samen keimen und es bilden sich kleine Pflanzen.
Im Winter ruht das Wachstum.
Die Pflanzen vertragen Frost bis -20 °C.

Erst im nächsten Frühjahr wächst die Pflanze.
Sie bildet Blätter und eine Ähre mit Blüten aus.
Nach dem Befruchten der Blüten
entwickeln sich die Körner.
Winterweizen wird von Anfang Juli bis Mitte August
geerntet. Er ist die wichtigste Getreideart und
das wichtigste Brotgetreide in Deutschland.

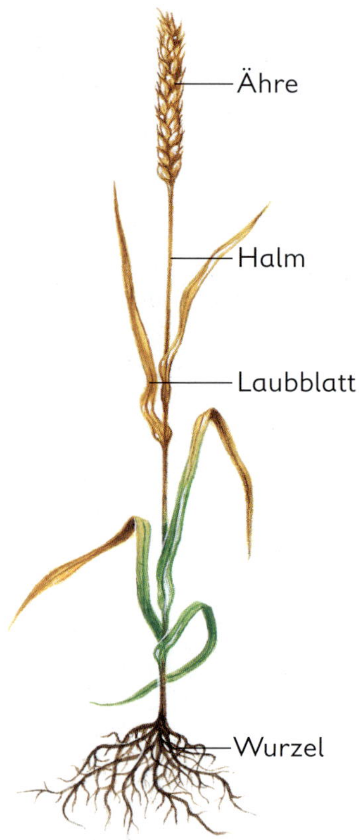

Weizenpflanze

Zeitliche Abläufe in der Natur am Beispiel besprechen;
Lebensbedingungen von Pflanzen im Biotop Getreidefeld erkennen

Getreidearten

Neben Weizen werden bei uns auch andere Getreidearten angebaut:

Weizen
bis zu 1 m

Gerste
bis zu 1,2 m

Hafer
bis zu 1,5 m

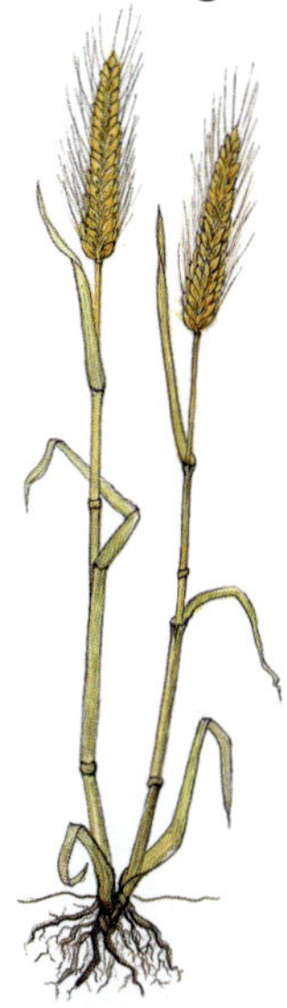
Roggen
bis zu 2 m

Mais
bis zu 2,5 m

Die Getreidearten unterscheidet man nach:
- dem Bau ihres Fruchtstandes

Weizen Ähre | Roggen Ähre | Gerste Ähre | Hafer Rispe | Mais Kolben

- dem Vorhandensein oder der Länge der Grannen

Die Grannen der Gerste sind etwa 15 cm lang.

INTERESSANT

Alle Getreidekörner (Samen) sehen verschieden aus.

MITMACHEN UND NACHDENKEN

2 Beschreibe den Bau einer Weizenpflanze.

3 Zeichne eine Getreidepflanze. Benenne sie. Beschrifte ihre Teile.

4 Beschreibe und vergleiche die Getreidekörner.

Vom Korn zum Brot

1 Beschreibe den Weg vom Korn zum Brot.
Nutze das Schaubild und den Text.

1 Im Herbst verteilt die Sämaschine die Getreidesamen auf dem Acker.
Man sagt: Landwirte bestellen das Feld.

2 Im Winter schauen Pflänzchen aus der Erde.
Manchmal sind sie vom Schnee bedeckt.

3 Im Sommer schneidet und drischt der Mähdrescher das Getreide.
Es wird entweder zu Großsilos oder zur Mühle gefahren.

4 In Großsilos kann das Getreide eine Zeit lang gelagert werden.

5 In der Mühle wird das Getreide gereinigt, gesiebt, gemahlen und verpackt.

Den Weg vom Korn zum Brot beschreiben; die Verarbeitung von Getreide kennenlernen,
Überlegungen zu Kaufentscheidungen anstellen

6 In der Großbäckerei oder in kleinen Bäckereien wird Brot gebacken.

7 In Verkaufsstellen gibt es viele Sorten Brot zu kaufen.

8 Das verpackte Mehl wird von der Mühle an Großhändler geliefert.
Er verkauft es an die Einzelhändler.

9 Mehl zum Brotbacken kann man in Lebensmittel-Geschäften kaufen.

10 Guten Appetit!

Im Feld und am Feldrand

1 Betrachtet das Bild.
Was entdeckt ihr?

Entwicklungs- und Lebensbedingungen von Tieren und Pflanzen eines Lebensraumes erfassen und beschreiben

MITMACHEN UND NACHDENKEN

2 Forsche nach und ergänze die Texte im Schaubild.

3 Finde Zusammenhänge zwischen Pflanzen und Tieren. Zum Beispiel: Die Amsel frisst Hagebutten.

Sommerfreuden

1 Wähle Aufgaben aus. Forsche nach.

1 Klatschmohn und Bienenaugen

Am Rand von Getreidefeldern blüht der Klatschmohn. Die Blüten sind rot. Wenn sie sich öffnen, ziehen sie Insekten an, vor allem Bienen. Bienen haben sehr auffällige Augen.

Finde heraus:
- Wie sehen Bienenaugen genau aus?
- Was sehen Bienen mit diesen Augen?
- Wie landen Bienen auf den Blüten?

2 Fledermaus unterwegs

In der Abenddämmerung, beim Übergang vom Tag zur Nacht, sind Fledermäuse in der Luft, zum Beispiel das Mausohr. Es ist im Bild zu sehen. Fledermäuse jagen dann Insekten.

Finde heraus:
- Wie finden Fledermäuse ihre Beute?

3 Ein Regenbogen

Manchmal zieht sich von der Erde bis zum Himmel ein Streifen – ein Regenbogen. Er leuchtet in vielen Farben.

Finde heraus:
- Einen Regenbogen kann ich nur sehen, wenn …
- Die Farben des Regenbogens sind …
- Er entsteht, wenn …

4 Mein Forschungsprojekt

Was möchtet ihr im Sommer erforschen? Malt und schreibt auf.

Kenntnisse über die lebende und nicht lebende Natur erwerben; einfache Zusammenhänge herstellen

S. 7

Medien nutzen

Wie gehen wir richtig mit Medien um?

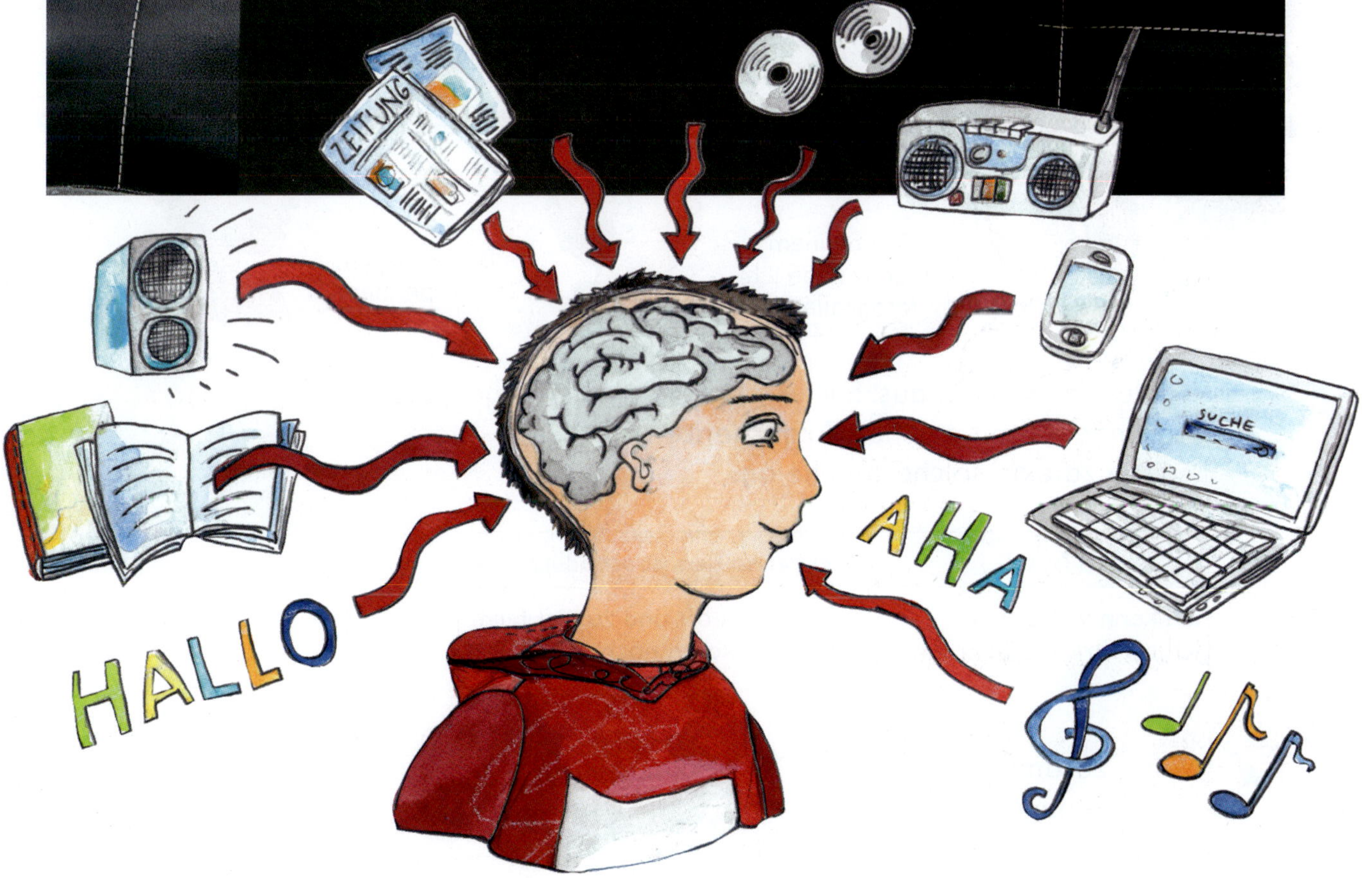

Das Foto beschreiben;
Zusammenhänge zwischen der Frage und der unteren Abbildung herstellen

Medien nutzen und bewerten

Es gibt verschiedene Medien. Sie geben durch Schrift, Bild oder Ton Informationen an uns weiter. Mit ihrer Hilfe können wir uns untereinander verständigen.

Die meisten Kinder finden Medien toll: Sie hören, lesen, sprechen selbst, sehen etwas an oder spielen. Sie lernen mit Medien, haben Spaß und tauschen sich mit anderen Kindern aus.
Experten raten: Wer Medien nutzt, der sollte bedenken, dass sie uns nutzen, aber auch schaden können.

INTERESSANT

Wichtige Medien sind:
- Internet
- Fernseher
- CD/DVD
- Computer
- Tablet-PC
- Radio
- Telefon
- Smartphone
- Buch
- Spielkonsole
- Tageszeitung
- MP3-Player
- Film

1 Lies die Meinungen der Kinder.

Wähle ein Medium aus. Suche die beiden Meinungen dazu. Begründe sie mit eigenen **Argumenten**. Lege dazu eine solche Tabelle an.

Fernsehen ist toll	Viel Fernsehen ist schädlich
Ich kann viel lachen. Ich erfahre viel über Tiere. ...	Ich sehe zu oft und zu viel fern. Ich spiele kaum noch draußen. ...

2 Wähle zusammen mit einem Partnerkind ein Medium aus. Der eine nennt dann die Vorteile, der andere die Nachteile des Mediums.

Wirkung von Medien kritisch beschreiben und vergleichen, den eigenen Medienkonsum überdenken; über Nutzen und Gefahren reflektieren

S. 2/3

Wir lesen: eine Zeitung, ein Buch, ein Plakat …
Wir hören: gesprochene Worte und Musik im Radio …
Wir hören und sehen: gesprochene Worte, Musik und Bilder im Fernsehen …
Wir sprechen: ins Handy …
Wir schreiben: E-Mails, Briefe, Textnachrichten …
Medien geben uns ständig Botschaften. Auch wenn wir es gar nicht wollen oder merken, nehmen wir die Botschaften auf.

Die Medien beeinflussen uns. Egal, ob wir lesen, fernsehen, surfen oder unterwegs sind.

Aufdrucke auf T-Shirts

Werbeplakate im Bahnhof

Musik im Supermarkt

Information aus dem Internet

MITMACHEN UND NACHDENKEN

3 Seht euch die Bilder an.
Welche Medien sind dargestellt?

4 Diskutiert in der Gruppe über Medien in der Schule. Macht Notizen:
- Welche Medien brauchen wir, um zu lernen und uns zu informieren?
- Welche Medien wünschen wir uns in Zukunft?

Begründet eure Meinung.

LEICHTER LERNEN

Einen schönen Lernort gestalten

- Halte Ordnung an deinem Arbeitsplatz.
- Lege die notwendigen Arbeitsmittel bereit.
- Gestalte deinen Lernort so, dass du dich dort wohlfühlst und gut arbeiten kannst.

Im Internet Informationen suchen

1 Verfolge diesen Weg im Internet.

Schritt 1: Was will ich wissen?
- Wie kann ich meinen Führerschein für das Internet machen?

Schritt 2: Wie finde ich etwas im Internet?
- Du kannst direkt eine Internetadresse eingeben.
- Oder du nutzt eine Suchmaschine für Kinder: Starte das Internetprogramm des Computers. Gib den Namen einer Kindersuchmaschine ein. Drücke die Eingabetaste.

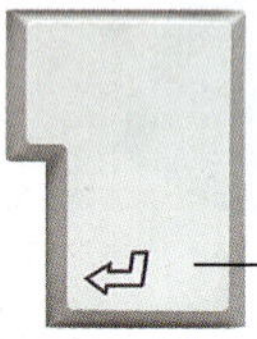

Eingabetaste

INTERESSANT

Diese Suchmaschinen sind zum Beispiel für Kinder interessant:
www.blinde-kuh.de
www.kindernetz.de
www.internet-abc.de

Schritt 3: Welche Suchwörter gebe ich ein?
- Du wählst aus deiner Frage die wichtigsten Wörter aus:
  Internet Führerschein

- Du gibst diese Suchwörter in das Suchfenster der Suchmaschine ein.
- Neben dem Suchfenster klickst du auf das Feld „Start“. Das Feld kann auch anders heißen. Zum Beispiel: „O.K.“, „LOS!“, „Finden“ oder es ist eine Lupe.

Schritt 4: Wie gehe ich mit den Suchergebnissen um?
Die Suchmaschine zeigt alle Ergebnisse an, in denen die Wörter „Internet“ und „Führerschein“ vorkommen.

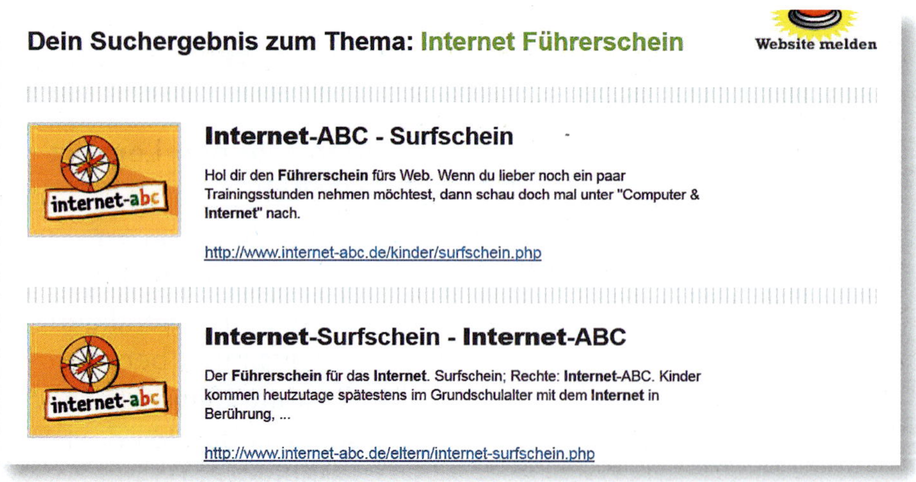

BEACHTE: JEDER KANN INFORMATIONEN INS INTERNET STELLEN, OB RICHTIG ODER FALSCH.

Zu einem Thema recherchieren, Medien zur Information auswählen; medientechnische Geräte unter Anleitung nutzen

- Du wählst aus der Liste mit Internetseiten ein Suchergebnis aus und klickst es an.
- Wenn die Seite erscheint, prüfe: Beantwortet die Information meine Frage?
- Reichen die Informationen nicht aus, gehst du zurück und wählst ein anderes Suchergebnis aus.

Schritt 5: Wie werte ich die Informationen aus?

- Die Informationen müssen deine Frage beantworten. Du kannst dir interessante Informationen ausdrucken.
- Vergleiche die Informationen mit den Ergebnissen aus anderen Kindersuchmaschinen.
- Überprüfe die Informationen auch mithilfe von Sachbüchern oder frage nach.

MITMACHEN UND NACHDENKEN

2 Suche selbst Informationen zu einem Thema. Nutze eine Kindersuchmaschine.

3 Suche nach denselben Informationen in einer anderen Kindersuchmaschine. Vergleiche die Ergebnisse.

PRÜFE, WOHER INFORMATIONEN KOMMEN. LIES AUCH IN SACHBÜCHERN NACH ODER FRAGE EXPERTEN.

Medien auswählen

1 Wähle Aufgaben aus. Forsche nach.

1 Deine Medien

Benenne die abgebildeten Medien.
Welche nutzt du häufig? Wofür nutzt du sie?

2 Das richtige Medium wählen

Nicht jedes Medium ist geeignet, um eine bestimmte Information zu finden.
In einem Buch findest du keine Informationen darüber,
was gerade an diesem Tag passiert.
Im Sachbuch findest du keine Märchen.
Mit dem Radio kannst du keine Bilder empfangen.

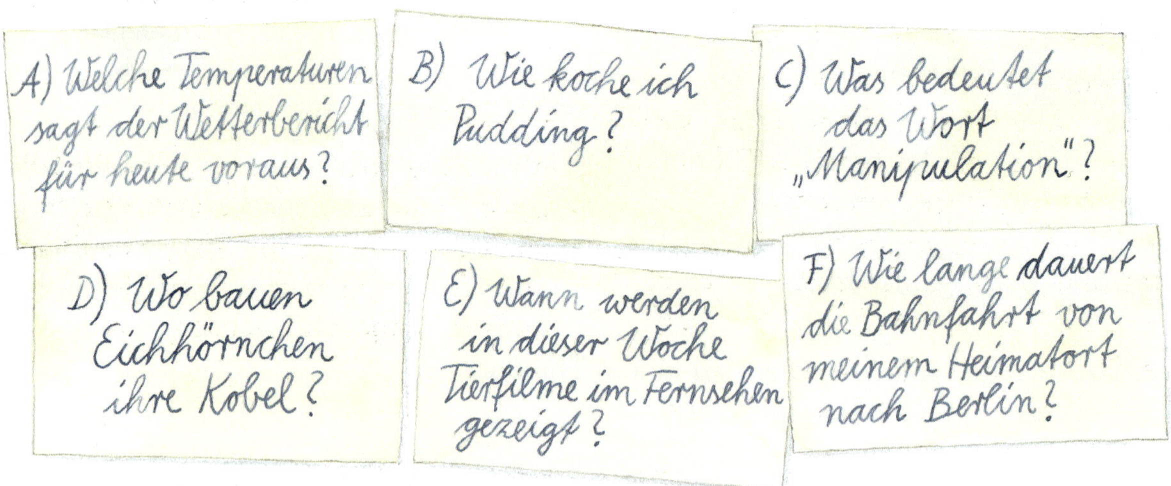

Arbeitet in Gruppen:
Welche Medien eignen sich, um die Fragen zu beantworten?
Schreibt die Medien auf. Begründet die Auswahl.

Mediennutzung kritisch beschreiben, Möglichkeiten des Medienangebotes zum Lernen
und zur Freizeitgestaltung erkennen, beschreiben, anwenden

Zum Nachschlagen

A

Argument S. 108

Wenn du etwas behauptest, musst du es begründen können. Die Begründung besteht aus deinen Argumenten.
Du sagst: „Ich bin gut im Sachunterricht." Dann kannst du diese Behauptung begründen: „Ich habe immer gute Noten, ich melde mich im Unterricht oft und sage richtige Dinge." Das sind deine Argumente.

Asyl S. 8

Asyl kommt aus dem Griechischen und bedeutet „sicher". Menschen, denen in ihrer Heimat Unrecht geschieht oder deren Leben bedroht ist, können in anderen Ländern Asyl finden, also um „Sicherheit" für sich bitten. Sie dürfen sich dann in dem Land aufhalten, dort arbeiten und haben fast dieselben Rechte wie die Bürger des Landes. Sie dürfen aber nicht zu Wahlen gehen.

B

Bestimmungsbuch S. 79

Welche Pflanze ist das? Diese Frage beantwortet ein Bestimmungsbuch.
Da nicht alle Pflanzenarten in ein Buch passen, hat es ein bestimmtes Thema, zum Beispiel „Wiesenpflanzen".
Die Pflanzen werden genau beschrieben. Fotos und Zeichnungen zeigen, wie sie aussehen. Auch für Tiere und Pilze gibt es solche Bücher.

Brauch S. 25

In einer Gemeinschaft von Menschen gibt es oft Handlungen, die immer zu bestimmten Zeiten und auf bestimmte Weise vorgenommen werden. Beispiele sind das Entzünden eines Osterfeuers, ein Dorfumzug oder ein Kartoffelfest. Solche Bräuche sind gut für das Wir-Gefühl der Gemeinschaft und bilden eine → Tradition.

Brennstoff S. 86

In Brennstoffen ist Energie gespeichert, zum Beispiel in Holz, Benzin und Erdgas. Werden sie verbrannt, entstehen Wärme und Licht.
Es gibt feste, flüssige und gasförmige Brennstoffe.

D

Drogen S. 45

Drogen wirken auf das Gehirn und die Nerven von Menschen. Manche lösen einen Rausch aus, andere machen wach oder betäuben. Drogen sind gefährlich, weil sie süchtig und krank machen.

E

Einmündungen S. 76

Wenn eine Straße auf eine andere trifft und dort endet, dann handelt es sich um eine Einmündung. Sie unterscheidet sich also von einer Kreuzung, bei der beide Straßen fortgesetzt werden.

Ernährungspyramide S. 40

Wir wollen uns gesund ernähren. Aber wie geht das? Wovon dürfen wir viel essen, wovon wenig? Dies zeigt uns die Ernährungspyramide. Wo sie sehr breit ist, stehen die Dinge, von denen wir viel essen sollen. Oben an der Spitze ist nur Platz für kleine Portionen – alles, was dort steht, sollen wir wenig essen.

F

Familie S. 8

Eine Gemeinschaft, in der meist Eltern und Kinder zusammenleben, ist eine Familie. Familien sind sehr unterschiedlich. In den einen gibt es viele Kinder, in den anderen lebt nur ein Kind. In manchen Familien gibt es nur einen Elternteil, in anderen gehören auch die Großeltern, weitere Verwandte oder Lebenspartner dazu. Manchmal sind die Eltern verheiratet, manchmal nicht.

Farm S. 7

Eine Farm ist ein Bauernhof. Das Wort stammt aus der englischen Sprache.

Frühsport S. 7

Auch am frühen Morgen kann man Sport machen, zum Beispiel Laufen, Schwimmen oder Gymnastik. Frühsport hält fit und macht wach. Man kann danach besser denken. Außerdem soll Frühsport gut gegen → Stress sein.

G

Gebärdensprache S. 28

Durch die Gebärdensprache können sich Menschen unterhalten, die nicht hören können. Dazu machen sie mit den Händen Zeichen und bewegen die Arme auf bestimmte Weise. Auch der Gesichtsausdruck und die Körperhaltung werden eingesetzt. Außerdem sprechen gehörlose Menschen manchmal Wörter lautlos mit. Es gibt auf der Welt viele unterschiedliche Gebärdensprachen.

Globus S. 21

Ein Globus ist eine Kugel, die die Oberfläche der Erde zeigt. Man kann zum Beispiel sehen, wo es Land und wo es Meer gibt. Der Globus ist ein Modell der Erde.

Grenze S. 51, S. 56

Eine Grenze ist eine Linie, die zwei Gebiete voneinander trennt. Es gibt zum Beispiel Staatsgrenzen (wie zwischen Deutschland und Polen), Landesgrenzen (wie zwischen Mecklenburg-Vorpommern und Brandenburg) und Kreisgrenzen (wie zwischen den Landkreisen Nordwestmecklenburg und Ludwigslust-Parchim).

Grundwasser S. 84

Wo bleibt das Wasser, wenn es regnet? Meistens versickert es im Boden. Unterirdisches Wasser heißt Grundwasser. Wenn es lange in der Erde bleibt, wird es sehr sauber und kann als Trinkwasser genutzt werden.

Guave S. 88

Die Guave ist ein Baum, der in den Tropen wächst – das sind Gebiete, wo es immer heiß ist. Der Baum wird 12 bis 13 Meter hoch. Seine Früchte sind essbar und schmecken leicht säuerlich.

H

Herbarisieren S. 79

In einem Herbarium werden Pflanzen und Pflanzenteile gesammelt. Vorher müssen sie getrocknet und gepresst werden, zum Beispiel zwischen den Seiten schwerer Bücher. Danach werden die Pflanzen auf Papier oder Karton aufgeklebt und beschriftet.
So kann man sie betrachten, bestimmen und vergleichen.

J

Jahreszeiten S. 20

Dass es Frühling, Sommer, Herbst und Winter gibt, hat mehrere Gründe:
Die Erde wandert in einem Jahr um die Sonne herum. Die Erdachse steht dabei nicht gerade, sondern ist leicht schief. Dadurch wird die Nordhalbkugel im Sommer stärker beschienen als im Winter. Die Sonne steht bei uns im Sommer höher am Himmel, ist kräftiger und scheint länger. Auf der Südhalbkugel ist es umgekehrt.

K

Klassenrat S. 10

Im Klassenrat kommen alle Schülerinnen und Schüler und die Lehrkraft zu regelmäßigen Gesprächen zusammen.
Die Kinder besprechen, was ihnen wichtig ist oder sie nicht gut finden.
Sie können gemeinsam planen, Vereinbarungen und Beschlüsse fassen und dabei Verantwortung übernehmen.

Kompass S. 55

Mit einem Kompass kann man sich auf dem Meer und auf dem Land orientieren. Ein Gehäuse und ein Glas schützen ihn. Unter dem Glas ist die Windrose, auf der die Himmelsrichtungen eingetragen sind. Eine Kompassnadel zeigt immer an, wo Norden ist.

Kultur S. 24

Kultur ist das, was sich die Menschen ausgedacht und was sie geschaffen haben. Dazu gehören Sprache, Musik, Regeln und Gesetze, Technik, Kleidung und vieles andere. Dabei haben die unterschiedlichen Gemeinschaften der Menschen auch unterschiedliche Kulturen.

L

Landschaft S. 53

Eine Landschaft ist ein Gebiet mit typischen Merkmalen. Die Merkmale können zum Beispiel ein Gebirge, Flachland, Wälder oder Flüsse sein.

Lapbook S. 32

In einem Lapbook werden Informationen zu einem Thema gesammelt. Eigentlich ist es eine Mappe, die sich mehrfach aufklappen lässt. Die Klappen bieten Platz für Steckbriefe. Taschen mit Kärtchen, Bilder oder kleine Faltbücher können darin eingeklebt werden.

Lufttemperatur S. 15

Die Luft hat eine Temperatur. Sie hängt von der Sonnenstrahlung ab.
Die Sonnenstrahlen erwärmen den Erdboden und der erwärmt die Luft darüber. Je mehr also die Sonne scheint, umso wärmer wird die Luft.

M

Mehrjährige/einjährige Pflanze S. 36, S. 95

Einjährige Pflanzen wachsen im Frühjahr, blühen im Sommer und sterben ab, wenn im Herbst ihre Samen reif geworden sind. Mehrjährige Pflanzen bleiben am Leben und machen eine Winterpause, zum Beispiel Bäume und Sträucher.

Meteorologe S. 19

Ein Meteorologe ist ein Wetterforscher. Er beobachtet das Wetter, erstellt → Wetterberichte und versucht herauszufinden, wie sich das Wetter verändern wird.

Mobbing S. 10

Wenn jemand ständig von einem oder mehreren anderen belästigt und beschimpft wird, spricht man von Mobbing. Das Wort stammt aus dem Englischen und bedeutet eigentlich „belästigen". Meistens kann der Gemoppte das Mobbing nicht aus eigener Kraft beenden. Deshalb ist es wichtig, sich anderen anzuvertrauen und Hilfe zu suchen. Kinder sollten unbedingt mit den Eltern oder einer Lehrerin/einem Lehrer sprechen, wenn sie gemobbt werden.

P

Positivrunde S. 10

Jeder Teilnehmer einer Versammlung darf am Anfang etwas mitteilen – aber es sollen nur gute Dinge sein:
Was hat mir in letzter Zeit besonders gefallen, was war schön, was hat gut funktioniert? Dadurch wird eine gute Stimmung erzeugt. Jeder fühlt sich wohl und stark und als Teil einer Gemeinschaft. So kann man dann später leichter Probleme lösen.

Protokoll S. 11

In einem Protokoll wird aufgeschrieben, was gesagt und beschlossen wurde, zum Beispiel im → Klassenrat. Dazu wird vorher festgelegt, wer das Protokoll schreibt.

Punktschrift S. 29

Louis Braille lebte in Frankreich und war seit seiner Kindheit blind. Er dachte sich eine Schrift für Blinde aus: Die Buchstaben des Alphabets werden durch Punktmuster dargestellt. Die Muster werden in das Papier gedrückt. Blinde können das Muster mit den Fingern ertasten.

Q

Quelle S. 84

In der Erde befindet sich → Grundwasser. Manchmal sammelt es sich und tritt an der Erdoberfläche wieder aus. Dann ist es eine Quelle.
Quellwasser ist meistens sehr klar.
An der Quelle bildet sich ein kleiner Bach, der zu einem Fluss werden kann.

R

Radarbild S. 19

Mit einem speziellen Radargerät können Wolken gemessen werden. So wird festgestellt, wohin die Wolken ziehen und ob es regnen wird. Bei diesen Messungen sendet das Radargerät Signale aus und erhält ein Echo zurück. Dieses Echo sieht bei verschiedenen Oberflächen unterschiedlich aus. Filme und Fotos vom Regenradar zeigt der Wetterdienst auch im Internet.

S

Satellit S. 19

Ein Satellit ist ein Himmelskörper, der einen anderen Himmelskörper umkreist – wie der Mond die Erde. Es gibt aber auch künstliche Satelliten. Sie werden von Menschen gebaut und mit Raketen ins Weltall gebracht. Tausende von ihnen umkreisen die Erde. Mit ihrer Hilfe kann man zum Beispiel das Wetter beobachten oder die Erdoberfläche fotografieren.

Schädling S. 92

Ein Schädling ist ein Tier, das Pflanzen, Vorräte, Holz und andere Materialien befallen und zerstören kann. Beispiele hierfür sind der Kartoffelkäfer, die Hausmaus, der Holzwurm und die Kleidermotte. Den Menschen entsteht dadurch ein Schaden. Sie versuchen, die Schädlinge zu bekämpfen. Dabei werden giftige Mittel verwendet.

Skype S. 7

Skype ist ein Programm für Computer und Handys. Damit kann man über das Internet telefonieren. Das nennt man skypen. Wenn das Gerät eine Kamera hat, kann man sich beim Telefonieren auch sehen.

Sonne S. 14

Die Sonne ist ein Stern: ein riesiger Feuerball, der aus Gas besteht. Sie ist der Mittelpunkt unseres Sonnensystems. Die Erde und die anderen Planeten kreisen um sie herum. Von der Sonne bekommen wir auf der Erde Licht und Wärme.

Spur und Fährte S. 37

Die Tritte oder Fußabdrücke eines Tieres nennt man Fährte oder Spur. Die Muster, die Tiere auf dem Boden hinterlassen, sind typisch. Tritte von Hirschen, Rehen oder Wildschweinen nennen Fachleute Fährte. Alle anderen Fußabdrücke von Tieren heißen Spur. Es gibt aber noch andere Spuren von Tieren: Federn, Eierschalen oder Fraßspuren an Nüssen.

Statussymbol S. 30

Mit einem Statussymbol soll gezeigt werden, dass jemand besonders wichtig ist. Bekannte Beispiele sind die Krone eines Herrschers oder die Robe eines Richters. Da aber viele Menschen Eindruck machen wollen, gibt es noch viel mehr solcher Symbole: teure Autos, das allerneueste Smartphone oder teure Kleidung.

Stockwerke der Wiese S. 76

Auf einer Wiese wachsen Pflanzen verschieden hoch, deshalb kann man sagen, sie bilden Stockwerke. Die Wurzelschicht ist der Keller. Im Keller leben viele kleine Tiere wie der Regenwurm. Darüber kommt das Erdgeschoss. Hier wachsen niedrige Pflanzen. Tiere wie Laufkäfer, Ameisen und Schnecken besiedeln die Schicht. Es folgt das Mittelgeschoss. An den Stängeln und Blättern der Pflanzen bauen Spinnen ihre Netze, sitzen Schmetterlingsraupen und suchen Heuschrecken Nahrung. Im blütenreichen Obergeschoss finden Schmetterlinge, Bienen und Hummeln ihre Nahrung.

Stress S. 42

Schon den Menschen in der Steinzeit ging es so: Immer wenn sie einer Gefahr begegneten, zum Beispiel einem Raubtier, spannten sich die Muskeln an und der Puls wurde schneller. Ihr Körper war nun bereit zum Kampf oder zur Flucht. Das ist Stress. Aber auch wir merken Stress: bei Lärm, ständigem Ärger oder vor einer schweren Klassenarbeit. Wir bekommen Kopfschmerzen, können nicht schlafen oder sind ganz zappelig. Doch dagegen kann man etwas tun. Besonders wichtig sind Ruhe und Entspannung.

T

Tafel-Laden S. 28

Bedürftige Menschen können in Tafel-Läden Lebensmittel bekommen, für die sie nichts oder nur wenig bezahlen müssen. In den „Tafeln" sind ehrenamtliche Helfer tätig. Sie sammeln die Lebensmittel zum Beispiel in Supermärkten ein, wo sie sonst weggeworfen würden, weil sie nicht mehr frisch genug sind. Sie sind aber eigentlich einwandfrei und essbar.

Thermometer S. 15

Wie kalt oder wie warm ist etwas? Das wird mit einem Thermometer gemessen. Es gibt Thermometer für viele Zwecke, zum Beispiel Außenthermometer, Zimmerthermometer, Fieberthermometer und Badethermometer.

Tradition S. 24

Zur Einschulung gibt es eine Schultüte, Silvester werden Knaller gezündet, Ostern Eier gefärbt und zum Geburtstag darf man sich etwas wünschen …
Dies sind Beispiele für Traditionen.
Man kann also sagen, eine Tradition ist ein → Brauch oder eine Gewohnheit.

U

Unkraut S. 93

Auf den Feldern und Wiesen wachsen auch Pflanzen, die anderen Pflanzen das Licht oder den Platz wegnehmen oder sogar giftig sind. Landwirte und Gärtner sehen solche Pflanzen gar nicht gern und nennen sie „Unkraut".

V

Verkehrsgarten S. 65

Ein Verkehrsgarten ist ein Übungsplatz, auf dem Kinder das Fahrradfahren und das richtige Verhalten im Verkehr üben können.

W

Weltmeere S. 84

Im Weltraum leuchtet die Erde blau, weil ihr größter Teil von Meer bedeckt ist. Die Weltmeere werden auch Ozeane genannt. Es gibt den Atlantik, den Pazifik und den Indischen Ozean. Darin leben unzählige Pflanzen und Tiere. Das Wasser der Meere ist sehr salzig. In einem Liter Meerwasser sind ungefähr 35 Gramm Salz gelöst – das sind zwei Esslöffel voll.

Wetterbericht S. 14

→ Wetterstationen in allen Ländern und → Satelliten senden Daten an → Meteorologen. Diese erfahren so, wie das Wetter an vielen Orten gerade ist. Sie erstellen einen Wetterbericht.
Und die Meteorologen können sagen, wie das Wetter in den nächsten Tagen wahrscheinlich sein wird.

Wetterstation S. 15

In einer Wetterstation befinden sich Messgeräte, die zum Beispiel die Temperatur, die Windgeschwindigkeit und die Dauer des Sonnenscheins messen. Die → Meteorologen benötigen die Messdaten für den → Wetterbericht. Um die Messgeräte zu schützen, werden sie oft in einer kleinen Wetterhütte untergebracht.

Wiesenarten S. 78

Wiesen unterscheiden sich nach ihrem Standort, dem Boden und den Pflanzen, die darauf wachsen. Auch der Mensch hat einen Einfluss. Wenn Landwirte Wiesen etwas düngen, dann wachsen dort viele bunt blühende Pflanzen und Gräser. Alle diese Pflanzen sind nahrhaftes Futter für Rinder, Schafe, Pferde und andere Nutz- und Haustiere.

Wildkraut S. 93

Wie der Name es sagt: Wildkräuter wachsen wild. Sie werden nicht von Menschen gezüchtet und versorgt. Beispiele sind Brennnessel, Gänseblümchen, Löwenzahn und Sauerampfer. Diese Wildkräuter kann man sogar essen.

Winterdienst S. 34

Der Winterdienst räumt Straßen, Wege, Plätze, Haltestellen usw. bei Schnee und Eis. Dann können Fahrer und Fußgänger die Straßen wieder sicher benutzen.

Winterstarre S. 37

Was machen Insekten, Fische, Frösche, Eidechsen oder Schlangen im Winter? Sie verstecken sich, denn ihr Körper erstarrt, wenn es kalt wird. Sie atmen dann kaum noch und ihr Herz schlägt sehr langsam. Sie fressen auch nichts mehr. Man kann sie nicht einmal aufwecken. Die Winterstarre hört erst auf, wenn es wieder wärmer wird.

Z

Zunftkleidung S. 70

Die Zunftkleidung ist eine sehr alte → Tradition. Handwerksgesellen auf Wanderschaft tragen zum Beispiel einen Schlapphut und Hosen mit zahlreichen Taschen an den Seiten – dort lassen sich die Werkzeuge verstauen. Auch eine Taschenuhr und dunkle Schuhe gehören zur Zunftkleidung.

Text- und Bildquellen

5 Shutterstock / CRSHELARE; **7** ob. Shutterstock / Syda Productions; **7** un. imago; **8** ob. Fotolia / michaeljung; Auftakt **13** Shutterstock / magicinfoto; **15** ob. akg / Science Photo Library; **15** Mi. picture alliance / dpa; **16**(2) bilderbox.com / Erwin Wodicka; **16**(3) Fotolia/ hydebrink; **16**(1) Fotolia/ manuela_merl; **16**(4) mauritius images / Alamy / IndianSummer; **17**(1) Shutterstock / Mr Twister; **17**(7) Shutterstock / OMMB; **17**(6) Shutterstock / Mihai Simonia; **17**(5) Fotolia / LianeM; **17**(4) Frank Hecker Naturfotografie; **17**(2) Shutterstock / Pakhnyushchy; **17**(3) Shutterstock / Kichigin; **19**(3) action press / OT, IBRAHIM; **19**(1) action press / NASA / NOAA Goes Project; **19**(2) Deutscher Wetterdienst; **22** Mi. Shutterstock / attila dudas; Auftakt **23** Peter Wirtz, Dormagen; **24**(3) Shutterstock / Sylvie Bouchard; **24**(2) Shutterstock / imtmphoto; **24**(1) Shutterstock / Monkey Business Images; **24**(4) Shutterstock / Monkey Business Images; **24**(5) Shutterstock / Andy Dean Photography; **25** un. Fotolia/ Joshua Resnick; **25** ob. Fotolia/ Fanfo; **26** un. Shutterstock / Nancy Bauer; **27** un. action press / Dong Naide / Xinhua News Agency; **27** ob. Shutterstock / Pressmaster; **28**(1-4) Peter Wirtz, Dormagen; **29** un. Your_Photo_Today; **29** ob. re. bpk / adoc-photos; **29** ob. li. doc-stock; **32** ob. Deutsche Bundesbank; Auftakt **33** Glow Images / ImageBROKER RM; **34** ob. re. Shutterstock / strelka; **34** Mi. Deutscher Wetterdienst; **34** un. fragFINN e.V., Berlin; **36** ob. re. Okapia/Nigel Cattlin/Holt Studios; **36** ob. li. Fotolia / emer; **37**(1) Blickwinkel/ Stefan Meyers; **37**(3) Image Source/Hironbu Shindo; **37**(2) imago stock&people; **38** Shutterstock / Arina P Habich; Auftakt **39** Peter Wirtz; Auftakt **47** Shutterstock / Gerhard Roethlinger; **52**(3) ddp images/Frank Exß; **52**(2) Fotolia / scimmery1; **52**(1) Shutterstock / Paulo M. F. Pires; **55**(1-3) Peter Wirtz, Dormagen; **60**(2) action press/; **60**(3) Shutterstock / prudkov; **60**(1) ddp images; **61**(2) Deutsche Bahn AG / Jürgen Hörstel; **61**(1) Shutterstock / Kzenon; **61**(3) picture alliance / Uwe Gerig; **64** ob. Verlag Heinrich Vogel; **64** u. (i.U.S) Fotolia / stockphoto-graf, fefufoto, markus_marb, klesign; by-studio, reeel, reeel, euthymia, playstuff, reeel; **65** Peter Wirtz, Dormagen; **66**, Verkehrszeichen, alle Fotolia: Larry Rains, djdarkflower, klesign, KeepCoolBaby; **66** Peter Wirtz, Dormagen; Auftakt **67** akg-images; **68** ob. re. akg-images; **68** ob. li. akg-images; **68**(3) Stadtmuseum Berlin/Kinder- und Jugendmuseum; **68**(2) Stadtmuseum Berlin/Kinder- und Jugendmuseum; **68**(3) Stadtmuseum Berlin/Kinder- und Jugendmuseum; **68**(4) Ullstein; **68**(1) Ullstein; **69** ob. re. Fotolia/Christian Schwier; **69** ob. li. Glow Images /imagebroker.net; **69** un. li. picture alliance / ZB; **69** un. li. picture alliance / ZB; **69** un. re. imago/Gerhard Leber; **70** ob. Inge Koch, Neubrandenburg; **70** un. Inge Koch, Neubrandenburg; **71** un. re. imagebroker.com; **71** ob. li. Inge Koch, Neubrandenburg; **71** ob. re. Inge Koch, Neubrandenburg; **72** ob. Fotolia / Jakkarin; un. li. Bridgeman Images / Universal History Archive / UIG; **73** ob. re. Shutterstock / Jim Lambert; **73** ob. li. Markus Matzel / imagetrust; **73** Mi. Fotolia/ electriceye; Auftakt **75** imago/; **77** Shutterstock / D. Kucharski K. Kucharska; **78** mauritius images / Garden World Images; **80** imagebroker.com; Auftakt **81** look-foto; **82**(3) Shutterstock / Sergey Uryadnikov; **82** Mi. Shutterstock / adpePhoto; **82**(5) Fotolia/ Tamas Zsebok; **82**(6) Shutterstock / Vlada Photo; **82**(2) Shutterstock / Peter Gudella; **82**(1) Shutterstock / Mika Heittola; **82**(4) Shutterstock / Ruggiero Scardigno; **86**(2) Colourbox; **86**(3) Fotolia / stockedup; **86**(1) Shutterstock / silvae; **88**(1) @ StockFood / Halmos, Monika; **88**(2) Shutterstock / Zhao jian kang; 88(3) All Mauritius © National Geographic Creative / Alamy Stock Photo; 88(4) All Mauritius/ © Dinodia Photos / Alamy Stock Photo; **89**(2) INTERFOTO / David Wall; **89**(1) F1online; **89** un. re. Shutterstock / Chones; **89**(3) Shutterstock / 3523studio; Auftakt **91** Imago/J.-L. Klein & M.-L. Hubert/Juniors; **92** ob. re. Shutterstock / Jausa; **93** un. Fotolia/ M. Schuppich; **93** ob. Fotolia/ Florian Rink; **94**(4) Shutterstock / mayakova; **94**(2) Shutterstock / Abramova Elena; **94**(1) Fotolia/ Andrea Wilhelm; **94**(3) Shutterstock / Peter Kotoff; **95** Mi. picture alliance / dpa Themendie; Auftakt **99** Shutterstock / Dimedrol68; **106** (3) Shutterstock / Piotr Wawrzyniuk; **106**(2) imagebroker / Franz Christoph Robiller; **106**(1) PantherMedia / Frank Fischer; **107** Fotolia / carballo; **109**(3) akg-images / L. M. Peter; **109**(2) Shutterstock / Aleph Studio; **109**(1) Shutterstock / alevtina; **109**(4) © Norimages / Alamy; **110/111** un. Internet-ABC e.V. Landesanstalt für Medien NRW, Düsseldorf

Karten

49–51, 53–54, 56, Innenumschlag, Peter Kast, Ingenieurbüro für Kartographie, Wismar

Übersicht zur Lehrplanpassung für Lehrerinnen und Lehrer

Lernbereich	Seiten im Schülerbuch 3	Seiten im Arbeitsheft 3
Sich selbst wahrnehmen		
• Gesundheitsförderung	39–46	12–15
Zusammen leben		
• Formen des Zusammenlebens	5–12, 28, 29	2–3
• Sich als Konsument verhalten	30–32, 102–103	8–9
• Kulturelle Vielfalt	8–9, 23–27	2–3, 6–7
Naturphänomene erschließen		
• Tiere	37, 77, 106	38
• Pflanzen	36, 78–80, 94–95, 98, 99–101, 107	39, 44–47
• Biotop	75–76, 91–93, 96–97, 104–105	34–37
• Wetter	13–22, 33–35	4–5
• Wasser	38, 81–85, 90	10–11, 40–41
• Feuer	86–90	42–43
Räume entdecken		
• Räume wahrnehmen	52–53	53
• Räume erschließen	47–51, 54–57	16–21
• Räume nutzen	58–66	22–29
Zeit und Geschichte verstehen		
• Zeitliche Abläufe in der Natur	36–37, 99–101, 106	44–45, 48–49
• Zeit einteilen	72–73	
• Entwicklungen und Veränderungen	67–71, 74	30–33
Medien nutzen		
• Medien verwenden, bewerten und produzieren	107–109, 112	50–51
• Mit dem Computer arbeiten	110–111	52